认知视域下的翻译修辞研究

王永婕◎著

English

中国原子能出版社
China Atomic Energy Press

图书在版编目（ＣＩＰ）数据

认知视域下的翻译修辞研究 / 王永婕著 . －－ 北京：
中国原子能出版社, 2019.10 （2021.9 重印）
ISBN 978－7－5221－0133－0

Ⅰ.①认… Ⅱ.①王… Ⅲ.①翻译—修辞学—研究
Ⅳ.①H059

中国版本图书馆 CIP 数据核字 (2019) 第 234169 号

- -

认知视域下的翻译修辞研究

出　　版	中国原子能出版社 (北京市海淀区阜成路43号 100048)	
责任编辑	蒋焱兰 (邮箱：ylj44@126.com QQ：419148731)	
特约编辑	马丽杰　　胡雪峰	
印　　刷	三河市南阳印刷有限公司	
经　　销	全国新华书店	
开　　本	880mm × 1230mm　1/32	
印　　张	8.25	
字　　数	240 千字	
版　　次	2019 年 10 月第 1 版	2021 年 9 月第 2 次印刷
书　　号	ISBN 978-7-5221-0133-0	
定　　价	49.80 元	

出版社网址：http://www.aep.com.cn　　E-mail：atomep123@126.com
发行电话：010-68452845　　　　　　　版权所有　侵权必究

前 言 ○ Preface

　　20世纪70年代以来,随着语言研究的不断深入以及其他相关学科特别是认知心理学、认知科学的迅猛发展和研究方法的不断创新,无论是哲学家、心理学家还是语言学家,都越来越重视语言与认知的内在联系。语言作为人类认知基因内化的一个部分,是人的智能活动之一,是认知过程的产物,是人类认知能力的体现。语言认知研究的纵深发展同时又触发了把语言作为对象的翻译研究的新变化。翻译研究超越了传统的译学理论藩篱,开始深入研究翻译过程的主体认知问题,亦即从认知的角度来重新审视翻译范畴下的各种翻译现象及其本质,例如Gutt和赵彦春提出的关联认知翻译观以及王寅提出的认知语言学的翻译观等。这些学者的研究表明,双语转换是一个比较复杂的认知心理过程:无论是对原语文本的理解还是对译语文本的产出,都要受到认知主体心理表征的制约,可以说是认知的制约(cognitive constraints)。

　　取向于认知的翻译研究为我们研究双语转换现象提供了一个新的视角,启发我们形成新的研究思路。在我们看来,翻译本质上是一种认知过程,是一种认知行为,是主体认知能力的外化结果。下此论断,一方面是因为翻译的原语文本解构与译语文本建构这两个主要阶段都要求译者拥有诸多方面的认知知识和认知体验；另一方面它和感知、知识表征、理解、记忆、思维、决策、解决问题等认知活动有着密切的关系。例如，对翻译文本的解构来说，认知过程的主要环节是利用认知知识进行语义推导，从语言形式上析出正确的认知意义。因此，把翻译置入人的认知框架中进行考察，能更深刻、更全面地认识翻译的本体论问题，即翻译的存在论问题：明确翻译是什么的问题以及翻译作为一门独立的学科如何运作、存在等认知问题，同时也有助于解决翻译实践中出现的一些具体问题，如逻辑认知问题、意象认知问题等。认知视野下的翻译研究使翻译研究突破了研究者的传统翻译研究理念，把翻译同语言认知、文化认知、修辞认知、社会意识以及人的认知规律关联起来，从逻辑和思辨的高度去解释翻译中出现的各种现象，摆脱翻译研究中随感式经验论的不足，为翻译研究的方法论提供认识上的导向，由此能解决传统译论中常出现的二元对立现象。因此，这一选题具有学科拓展的意义，它能把翻译研究从思想意识上进一步引向深入。

作　者
2019 年 5 月

目 录 ○ Contents

第一章　认知视域与翻译修辞研究绪论

第一节　认知视域的概述

一、认知的定义

认知是功能主义对人类智能在大脑中的组织方式和工作原理的一种理论概括,它包括认知结构和认知过程。认知结构(如短时记忆、长时记忆、图式等)是对假定的心理实体组织的一种表示,而认知过程(如记忆编码、思维、概念形成等)是指以某种方式分析、转化或改变心理事件的一种操作。这里涉及与认知密切关联的两个概念,即智能与心智。一般而言,心智相对于大脑和躯干,主要属于心理学,"泛指人的知觉、注意、记忆、学习、思维、理解、创新等各种心理能力";智能是指"判断、推理、想象等利用知识去解决问题的心理能力,专指在新情况下做出恰当反应的能力",智能的基础是符号操作[①]。通过符号的产生、排列和组合,智能系统就能将系统之外的事件大化为符号表征的事件,并加以控制而表现出智能来。符号运作的实质是"计算",认知科学视野中的计算在形式上并

①杨卫东,戴卫平. 乔姆斯基:语言·心智·大脑[J]. 现代语文(语言研究版),2013(03):10-12.

不一定包含数量,因此在这层意义上,信息计算就是信息处理,信息处理的过程就是思维和思考的过程。概而言之,认知是"一种心理活动过程,包括感觉、知觉、想象、注意、记忆、思维和语言的理解和产生"。在以认知为直接研究主题的学科中,认知心理学与认知科学是两大重要的学科,它们的研究范畴涉及人类认知的各个方面,其研究成果揭示了人类认知特别是语言认知活动的本质和规律,而认知语言学是在这两大学科发展的背景下,与语言学研究相结合的产物。

二、认知模型的建构——生长树认知模型

(一)内隐认知

内隐认知始于1967年罗伯有关人工语法范式的研究,到20世纪80年代开始成为研究的热点,随着一系列有关内隐认知的发现,彻底颠覆了人们关于智力和学习的传统认识,人们发现,在人类显性的逻辑的意识思维下,还隐藏着一个自动的、深刻的潜意识学习系统,其研究的每一个进展都会对学习和教育产生深远的影响。

生活中并不乏内隐认知的例了,当我们看一本难懂的书时,有时虽然当时看不懂,但过几天之后再去看时,却好像变简单了,很多之前看不懂的地方很容易就明白了,虽然这几天你一直在忙别的事,根本没有去想这本书的内容,但你的大脑似乎一直都在为理解书中的内容而工作着,只是你没有意识到罢了。又有时,当我们对一个难题束手无策,百思不得其解的时候,如果能够暂时抛开它去做其他的事,可能突然之间,一个解决那道难题的绝佳方法就出现在了脑海里,给人一种"柳暗花明又一村"的快感。大量事实表明,在人类那些自觉

的意识活动之下,还有很多不能被人们意识到的但却同样活跃的思维活动即无意识活动。一项调查显示,74%的数学家认同睡梦中能解决问题并且有过亲身经历。70%的科学家认为做梦或其他休闲活动中得到过解决问题的启发。希尔维拉曾经做过一项实验,他把被试者分为三组,每组成员的年龄、性别和智力水平等都大致相同,给他们布置一个稍有难度的问题,要求第一组用半小时思考,中间不休息;第二组先用15分钟想问题,休息半小时后再思考15分钟,第三组与第二组类似,但中间休息的时间增加到了4个小时。结果第三组有85%的人解决了问题,第二组62%的人解决了问题,第一组只有50%的人解决了问题。三组思考者思考的时间是相同的,只是安排不同,结果就产生了如此大的差异,可见,在受人们意识控制的显性思维外,还存在着一种不被人察觉和控制的隐性思维,这种思维似乎会自动思考外显思维所碰到的问题,找到解决问题的正确方向,甚至已经理解到了问题的本质,只是我们一直没有意识到这一点。

但是,我们不能因为内隐认知产生的时间早,并且在生物界内广泛存在就把它当成是一种低级的学习过程,正如前面所提到的许多实验,以高度的抽象性为特征的内隐学习,在某些情况下,其抽象性比外显学习更高,但其中的奥妙还有待进一步探索。

（二）内隐认知和外显认知的关系

1.相互协同共同作用

虽然内隐认知和外显认知是两个相对独立的信息加工系统,具有不同的信息加工特性,但却并不分离,而是相互协同共同作用。在一种认知功能发挥作用时,也同时或多或少地渗透着另一种认知功能的影响,所以单纯的内隐或外显认知是不存在的,外显与内隐学习系统之间有着协调统一的辩证关系。

内隐认知先于外显认知而存在,在认知系统中具有基础性地位,并且不受年龄的影响,即便在外显认知丧失的情况下,比如脑部创伤等,内隐认知也依然能够存在。从生物进化论的角度很容易理解这一点,人类大脑的进化史就是由无意识的动物向有意识的人的漫长的进化过程。外显学习似乎为人类所独有,但内隐学习则在生物界内广泛存在,并且在动物的趋利避害和日常生活方面扮演着重要角色。比如,雁群对方向的感知、蚂蚁建造的复杂的洞穴、蜜蜂对不同种类花的分辨等都渗透着大量的内隐认知。

2. 内隐认知与外显认知的互相转化

隐性知识可以由显性知识通过程序化、自动化和组块化等方式转化而来,这种隐性的知识,其表征更加灵活,提取起来更加迅速准确。

隐性知识也可以转化为显性知识,进过多次的学习与反复的表征重述,隐性知识可以达到意识层面从而转化为显性知识。

内隐认知和外显认知像拧在一起的两股绳,在相互作用中产生合力,渗透在人的每一个认知活动过程中。这种相互协同共同作用的关系,在问题解决的三环节,即直觉、酝酿效应和顿悟中体现得十分明显。

(1)直觉。已经意识到了问题的存在,但还不清楚问题的关键在哪里,仅对问题如何解决有一种模糊的预知。因为在问题刚开始研究的时候,各个方面都不甚明朗,此时内隐认知具有导向作用,就像一个指南针,只能指出一个大致的方向,至于一路上遇到的各种障碍,就只能交由显意识去解决了。随着研究的深入,内隐认知也会不断的调整方向、缩小范围,给外显认知指出更多通往成功的道路。当你已经做了大量的研究,进行了长时间的思考,但还是找不到问题的关键,几乎要放弃的时候,你就到了酝酿阶段。

(2)酝酿阶段。指在问题解决中,暂时找不到解决问题的方案而将困难的问题搁置一边,经过一段时间后,却在不知不觉中获得了解决问题方案的现象,因为对于刺激结构复杂、关键信息不明朗的问题,内隐认知的效果优于外显认知,当人们转移注意力,处于放松状态的时候,无意识限制被解除,内隐认知机制受阈下启动效应引发,问题信息被激活并呈扇形映射方式扩散,此时极有可能与被有意识忽略的、关键的解题信息节点产生连接,"问题空间"就在这种不知不觉中贯通,于是出现"豁然开朗"或"顿悟"的奇迹,在这个过程中,内隐认知一方面整理吸收之前显性认知的成果;另一方面积极寻找隐藏信息,不断进行新的尝试,这些都是在无意识状态下完成的。

(3)顿悟。先前未预料到的联接在意识中突然显现出来,不但被意识到,更可以被显性知识理解,内隐和外显在模式上得到统一。显然,在顿悟之前,问题已经在内隐层面上被解决,并且建立了一个内隐的模型,紧接着外显认知系统便利用一些逻辑和规则对其进行外显式的重新描述,如果外显知识积累不够则描述失败,不会发生顿悟;反之,当内隐和外显的模型达到完美统一时,顿悟便产生了,并且是以可以被理解的显性知识呈现在脑海中的。

(三)"生长树"认知模型的建立

生长树认知模型,把一个人的整体认知状态比作一棵大树,其中隐性知识是大树的树干和由树干分出来的无数根大小粗细不一的树枝,它们都潜藏在意识深处,无法被直接意识到;而显性知识则是长在树枝上的叶子,是可以被意识到的部分,叶子与叶子之间通过枝干相连。需要注意的是,这个树形结构是有生命的,也就是说它是可以生长的,其动力来源于枝干和叶子的共同作用。其中,叶子作为显性知识的代表,可以通过光合作用为大树积累养分,这里的光合作用其实就是人的显性认知能力,叶子作为显性认知的结果——显性知识,一方面作为可以被人直接意识到的公式、定理和结论等;另一方面又为树枝的生长也就是内隐认知的发展提供生长的动力。树枝作为内隐认知的代表,则根据已有经验决定是继续伸长现有的枝条,还是在自己的中间的某个地方发出分支或长出叶子,而树枝能够伸长和发出分支的总长度则受制于叶子所供应的养分的多少。这样,我们就可以把我们所未知的问题分为两类。

1.指那些已经被树形结构所囊括,只是由于树干的隐蔽性而看不到两片叶子之间潜在的联系,此时只需要从一片叶子出发,对连接两片叶子之间的树枝进行显性化的描述,问题便可解决,也就是说对于这类问题,答案就存在于我们的脑海中,我们只需把它们提取出来即可,比如对已经学过的定理进行重新推倒就属于这一类。

2.指那些未被认知树覆盖,存在于其上的难题,这就需要对认知树进行生长才能囊括它,这个生长的过程,便是我们不断学习、思考、参悟的过程。如果这个难题离树冠太远,仅靠现有叶子提供的能量还不足以让树枝生长到那里时,思考者就会一头雾水,摸不着头脑。如果思考者此时不畏艰难继续探索,以现有叶子的能量,使现有的树枝向难题方向生长,他可能会因此发现一片离树冠较近的叶子,而这片新的叶子又会给这棵树带来新的能量,从而使树枝再次生长,找到离这片叶子较近的又一片新的叶子,就这样循环往复周而复始,终于有一天,这棵树的一根新生的枝条碰到了那片目标叶子,也就是内隐认知已经找到了到达的路径,但显性意识还未认识到,这个时候思考者会隐约地感到自己好像已经触及了答案,只是无法用言语表达。到这个阶段,酝酿效应已经接近尾声,思考者只需再努力一下,把最后那根触及答案的树枝进行显性化的描述,一条未知的路就打通了。这里想要强调一点的是,对于那些离树冠较近的叶子,可能无需中间叶子的辅助就能到达,因为认知树现有叶子的能量(也就是显性知识)已经足以让树枝(隐性知识)伸展到答案。这一过程的外在表现是思考者无需发现或学习更多的知识便可直接顿悟获得。比如,阿基米德发现浮力定律和杠杆定律等,都是通过直接顿悟的方式直接获得的,原因就是这些定理本身比较简单,距古人的认知树的树冠较近,生长树无需中间叶子的辅助便可直接囊括它。另外,对于从认知树的树冠到目标叶子之间的一系列中间叶子的获得,既可以通过思考顿悟得来,也可以通过学习得来,对于学生来说,学习是获得中间叶子的主要方式。以上便是认知发展过程的"生长树"模型。由此模型我们可以看到,任何一个认知过程都是由内隐和外显认知相互协调共同作用的结果,并且隐性知识虽然一直走在显性认知的前面,但却是建立在对显性知识进行分析、综合和概括的基础之上的,在显性知识保持不变的状态下,能够直接通过顿悟的方式获得的知识的范围是十分有限的,这就是为什么阿基米德能够通过顿悟认识到浮力定律和杠杆定律,却无法顿悟出爱因斯坦的质能方程式和量子力学公式。

在生长树模型中我们可以看到,纵横交错的树枝连接了认知树里的每一片叶子,这就是我们的内隐知识,而认知树上有着不计其数、数以万计的叶子,当我们对认知结构中两片叶子进行解释时,其实质就是对连接两片叶子中间的树枝进行显性化描述。所谓的显性化描述,就是在两片目标叶子中间尽可能多地生发出中间叶子,也就是一些公式、定理等。这些叶子可以生发在这根枝条的任何地方,当这些中间叶子之间的距离小到思考者认为理所当然的时候,显性化描述就完成了。因为显性思维的特点是呈点状跳跃,而隐性思维则是连续的。无论你在认知树内的两片叶子之间生发出多少中间叶子,都不可能将它们之间的枝条完全覆盖。这个模型刚好解释了内隐认知中"我们所认知的多于我们所能告诉的"这一奇特现象,因为叶子是呈点状分布在枝干上,而有限的点集一定小于直线上的点集,所以内隐知识一定比可以说出的外显知识多,也就是我们所认知的多于我们所能告诉的。

第二节　翻译中的译者修辞本质

翻译过程是展现译者修辞本质的过程,包括两个环节:译者对文本的修辞性解读;译者基于译文读者的修辞重构,译本是两次修辞活动的修辞成果。译者是翻译过程中的中介,身兼读者与作者两重身份。在与文本的对话交流中,译者首先要把握文本的修辞特性,并以自己的前在经验和修辞观去理解文本,填补文本中的空白;同时,作为交际活动的翻译,译者在与译文读者的交际中,又展现出不同的翻译(修辞)动机,并在此动机上进行修辞重构,修辞意识与动机不同的译者会有不同的翻译标准,采用相应的翻译策略和方法进行翻译活动。可以说,译者在整个翻译活动的各个环节中,都体现了鲜明的修辞特性。

一、文本与译者的修辞本质

翻译活动始于译者对文本的个体化解读。解读的个体化本身就体现了修辞性。从翻译作为修辞活动的意义上来讲,译者对原作文本意义的阐释,是为了把握其修辞动机,了解其影响原语受众的修辞策略,领会其话语的修辞价值,是完成翻译行为的必要准备 [1]。译者对文本的释读是一种修辞体验,是带有主观意志的,并具有创造性的修辞体验。

(一)译者对文本的阅读是修辞性的

译者在文本建立起来的修辞性语境中,体味文本特有的个

---

[1]陈小慰. 翻译研究的"新修辞"视角[D]. 福州:福建师范大学,2011.

性化修辞方式和修辞动机,开始有意识的修辞认知活动。对译者来说,对文本的阅读,除了寻找文本中的语言特色、篇章结构、语体风格等,也是一种语言、精神与情感上的体验与交流,是译者对文本切身感受的过程,他往往会结合自身的体验去感悟,带着自己的情绪去理解。译者通过视角的转换,尽可能全方位多角度地理解文本的深层意义,确证文本的修辞动机与修辞策略,并将修辞认知结果映射到译文中。译者借助自身的经验、前在理解和认知能力,尽力同文本的修辞语境保持同一,以便对文本的修辞语言做出逻辑性的解读。此外,译者的阅读也具有主体性的特征。译者是带着自己的修辞价值观阅读原文的。译者有个性化的审美情趣、意识立场、文化背景、价值观念等,这些使得译者对文本的理解带有鲜明的个性化的特点,决定了翻译结果的差异性。译者的修辞价值观与文本所蕴含的修辞观相遇会产生不同的效果。一旦文本的作者与译者的审美体验、修辞观产生对抗与碰撞,则必然产生修辞交锋。在这种情况下,译者只能基于个体化的修辞认知,做出较为主观的解读。

(二)译者对文本的"未定性"的最终确定,对文本"空白"的填充,是修辞性

根据接受美学的理论,文本一旦完成就已经不属于作者了,其意义由读者赋予。文本具有不确定性,充满了空白点,读者的任务是通过发挥能动性和想象力,对文本的空白和未定性进行"具体化"和再创造,从而赋予文本以意义。在翻译中,阅读是译者和文本的对话和交流,文本的空白之处,为译者提供了开放的阅读空间和有限的自由创作空间。译者的阐释自然不能全然背离文本,却可以基于个人的"前理解"和不同的翻译动机注入自己的东西。尤其是当文本中蕴含的审美信息相对丰富的时候,译者的创造力就有了更为广阔的发挥空间,译者的修辞意识与能力得以彰显。尽管译者对文本的解读与阐释的难度加大,译者理解表达的自由权力同时也在加大,译者不再是单纯的信息搬运工,不再是被动的接受者,而是变成了具有修辞能动性的解读者和创造者。作为文本的读者,译者可以相对自由地按照自己的"期待视野"去填补文本的空白,对文本蕴含的观念、信息做出个性化的理解。因此,不同译者个体化的阅读,对文本的理解带有个人印记,阅读变成一种创造性的活动,显然是典型的修辞特征。对于同一文本,不同期待视野的译者有相异的解读,而同一译者的每一次阅读由于期待视野的变化,也会是全新的,这也充分说明了对文本解读的修辞性本质。

(三)译者对文本解读的同时,也在进行着修辞重构

这一过程,充分体现译者的修辞能动性。译者体味原文作者修辞动机的过程,同时也在对原文内容进行判断与甄选。这一行为,使得阅读具有了预设性、目标性,这些特性恰恰体现了译者行为的修辞性。译者通常都会分辨文本的类型和功能,决定相应的翻译对策。例如,遵循何种翻译原则,采用何种翻译策略,拟用哪些翻译方法,展现何种风格,这些对策都是在文本阅读和分析的过程中同时甚至预先拟定。译者会在阅读的同时判断文本中哪些内容和自己的翻译动机相吻合,哪些信息会影响甚至阻碍翻译动机的实现,并初步决定对这些障碍如何处置,是隐藏还是压制,改写或是删减完全取决于译者的判断。译者的修辞意识得到充分展示,译者的修辞能力得到充分发挥。以文学文本为例,译者的修辞本质常常体现在对文本中的审美信息做出带有主观色彩的改写或调适。译者的不同翻译标准与评价也反应了译者对文本的修辞性改造,以国内译者为例,从严复的"信、达、雅",鲁迅的"宁信而不顺"到傅雷的"神似",钱钟书的"化境"等,译者作为修辞主体,都是以自己的修辞观念和标准作为出发点,对文本进行修辞重构。

总之,译者对原文的阅读是修辞性的,体现了译者在翻译活动中的主观意志,为文本注入了新的生命。修辞性阅读有助于译者将文本变通地植入新的语境,有助于译者创造性地挖掘原文的使用价值。译者一方面对原文本蕴含的情感、信仰、道德观、价值观的进行修辞解读和修辞重构;另一方面通过对原文有意识、有目的的改造,在构建过程中植入了本人的观念。译者作为一个处在特殊地位并具有修辞能动性的读者和阐释者,通过译文直观地体现其思维方式、人生信条、道德修养、审美取向等精神内核。

二、译文读者(受众)与译者的修辞本质

"受众"既是修辞也是翻译里极其重要的概念。现代修辞学非常注重修辞者与受众之间的关系,因为修辞的目的就是获得预期的修辞效果,从而最终实现预期的交际目的。作为修辞活动的翻译,其受众即是译文的预期或目标读者。翻译的目的即以译文的修辞力量有效影响受众,建立认同,诱导其改变观念,实施行动。译者作为修辞主体,其意欲达到的目的,在很大程度上取决于其受众意识,即译者对目标读者的把握。

为实现预期的翻译目的即预期的修辞效果,彰显译文的修辞力量,译者必然要把译文读者当作修辞的预期对象,发挥其主观能动性即修辞能力,在整个修辞活动中对自己的修辞行为进行调适,依靠自身的价值判断进行翻译活动。因此,译者同译文读者之间的关系是修辞性的。译者在翻译活动中,要对译文读者做出判断,了解他们的潜在期望、背景知识和交际角色,如受众的不同类型;要充分预想读者的语言、文化、习俗等方面的特点,从而采取不同的翻译策略和方法。当译文为预期的受众接受,翻译才能算作成功。

当代修辞学的目的就是要在受众心理建立起"认同",译者的认同来自于译文的预期读者,如此才能实现其翻译目的。译者作为翻译主体,其修辞特性常常有两种形式的表现:一种是译者通过顺应取悦受众,和受众达成"同一";另外一种则表现为译者根据翻译(修辞)目的,通过对预期读者(受众)施加各种有形无形的影响来促使他们按照自己的意愿改变态度或观点。无论是哪一种情形,译者都是为了实现自己的翻译目的(修辞目的),得到预期读者的接受。

在翻译中,译者可以通过迎合译文读者的语言表达习惯、文化心理、审美情趣等获得读者的认同。无论是文学翻译还是非文学类的翻译,都能体现出这一修辞关系。译者无论从语言表达形式上还是精神内核上,都应考虑译文读者的文化期待、接受能力,避免产生价值冲突,从而影响译文的接受性。文学作品中常常有一些粗俗的情节,多数译者对这些作品的翻译,都回避了原著中的污秽字眼,以免有伤风化。译者大多从当下的道德观念和社会包容度等方面考虑,对原文进行控制、过滤、净化,原文本的信息可能被掩盖,从而达到被译文读者接受的最终目的。而在以务实为目的的应用文翻译领域,如商标翻译、广告语翻译、外宣翻译,译者迎合的意图则更为明显,译者对译文的能动性与创造力更强。以旅游文本为例,英汉旅游文本差异较大。英语旅游文本的实质信息丰富但言简意赅;汉语旅游文本则虚饰表达较多,引经据典,篇幅过长。译者在进行汉语旅游文本的英译时,必须大幅删减原文冗余的内容,保留"硬货",同时更改组词方式,改变或者删除文内意象用典,以迎合译文读者的阅读习惯和文化审美心理,从而得到译文读者的认同。商务英语中的商标翻译中,译者除了有翻译本身所赋予的任务,还要考虑商家的经济目的,故商标翻译更加能体现译者的务实心理,译文体现出非常明显的创造性的修辞本质,其目的也是为了与目标受众建立起同一关系。为了使得译文读者获得最大程度的认同,则译者必须充分发挥修辞认知能力和重构能力。

除了顺应目的语读者的民族心理、语言文化习惯等取得认同,译者不仅仅是一味迎合预期读者,还会通过张扬主体意志,以直接的强势姿态向读者施力,主要表现为译者对译入语语言形式的丰富,译者个人价值信念的灌输,异质文化与思想的推介。译者通过陌生化的表达形式和新鲜的文化精神和思想,对预期读者产生强烈的心理冲击,从而进行修辞重构。这种情势下,译者的修辞意识非常强烈,主观能动性表现得更为明显,更注重对修辞力量的追求。译者依照自己的世界观反映文本的艺术现实,译者的修辞意识转化为修辞的力量,以译文操控着接受者。从语言层面,译者使用陌生化手法,可以满足目标读者求新求异的心理,原语文本的语言、结构上的审美价值得以实现。例如,庞德的中国古诗英译,丰富了英语诗歌的形式,带给英语读者耳目一新的感觉;鲁迅"宁信而不顺",丰富了汉语的语言表达和形式,增强了译文的表现力,带给读者崭新的审美体验。其次,译者的修辞意识表现为个人观念的灌输,意识形态或思潮的引入。译者在进行修辞表达的同时,说出了一种价值判断,人们在接受修辞话语的同时,也接受了这种价值判断。人们参与修辞活动的时候,同时也在建构价值观、伦理观、生命观。例如,女性主义译者使用能体现女性身影和声音的词汇如中性词或者新创词语等策略,目的是传递女性的话语权,体现女性的存在。谭学纯在其《广义修辞学》一书中也指出,修辞的功能可以体现为话语建构的方式、文本建构的方式同时还参与人的精神建构。尤其是对于那些极具社会责任感和使命感的译者来说,他们在政治、历史、意识形态的影响下,以译文为武器,推介思想观念、价值观,对译文读者进行精神洗礼和重塑,通过译本的修辞重构,完成译本的精神建构。如严复、林纾、胡适等翻译家,采用了大量增删、改写等翻译策略进行修辞建构,并藉由修辞建构激发出来的修辞力量去重构目的语读者的内在精神。

上述译者与译文读者(受众)之间两种互动的形式体现了译者的修辞本质。作为修辞行为的翻译,"主要是通过有效运用语言象征手段(言语资源),通过精心构筑话语来影响受众、实现目的。"在这一行为中,译者是能动的主体,无论是采用迎合或是压迫的方式,无不体现了译者的修辞目的,即以强大的修辞力量影响受众的价值观念、意识形态等。从翻译的交际性来看,译者对译文读者认同的重视程度决定着翻译作为交际行为的成败。要想获得翻译的成功,译者不能单纯地、一味地忠实于原文,无视译文读者只能导致交际的失败。译者在翻译活动中的能动表现,意志力的发挥充分体现在其与受众的关系中,反映了译者的修辞本质。

第三节　认知视域下的翻译修辞研究对象

一、修辞学的研究对象

修辞学的研究对象主要是修辞过程,其次是修辞作品和修辞功能。修辞过程即为实现交际目的而构建言语的过程,修辞规律的认识、概括和总结主要有赖修辞过程的研究。修辞作品乃修辞过程产生的成果,研究修辞作品,目的是证实和补充过程研究所获结论的正确性和有效性。修辞功能指修辞的服务领域,立足功能研究,揭示语言的功能变异,概括领域语言的个性特征,拓展了修辞学疆域。

(一)修辞过程

修辞过程的研究有两个视角:一是纵向的时序,二是横向的关涉重要要素。

1.纵向的时序

从纵向的时序看,修辞过程可分为以下几个阶段。

(1)目的措置。目的即修辞意图,语篇的主旨。目的有不同层次、不同性质。目的措置包括明确目的、分解目的、定性目的等。

（2）修辞谋划。①宏观谋划：包括分析把握主旨；确定语体；确定风格；确定线索；定位话语主体角色；拟定话语对象；选择突破口；确定话题；确定视点（视点，指观察或分析事物的着眼点）；时间推进；空间转换；材料选取；特殊策略；特殊意象；构拟框架。②微观谋划：发生于并伴随着言语组建过程，追求语句、语篇形成的变异性、独特性和生动个性。包括变异用词、变异造句、变异结构、变异语体、变异风格等；选择句子话题（大多为主语）、确定焦点、生成异常情境等。

（3）言语组建。即张口说话、落笔行文，生成话语，包括选词用词；选句造句；语音协调；辞格选用；起承转合、衔接照应、连贯顺畅、条理层次等。

（4）修饰、调整、润色。涉及言语作品雏形的各个方面。这里所谓的言语作品，不一定指成篇文章，可以为一段、为一句或几句甚至一个句子尚未完成。

2.横向的关涉重要要素

从横向的关涉重要要素看，修辞过程离不开以下要素。

（1）语境。语境即语言使用环境，内涵极其丰富复杂。修辞是个动态的过程，是语境条件下的言语行为，上述"时序"的各个阶段，都在语境条件下发生、展开和推进。语境是修辞过程的背景、基底，有时甚至就是修辞"材料"；语境还是动态的、认知的、变动的。语境可视为独立系统，由于它的复杂性和重要性，语境研究已成为一个独立学科——语境学，站在修辞学的立场上看，语境学可以看作修辞学的一个分支学科。

（2）修辞原则。修辞必须也必然遵循一定的原则,否则修辞活动无法正常进行,修辞目的难以实现。修辞原则究竟指什么,包含哪些内容? 学界也有不同看法。我们认为,修辞原则具有层次性和系统性,表现为一种多层次的网络系统,它有一个最高原则,有多层下位原则(或准则),所有的下位原则都服从并服务于最高原则。至于修辞原则的具体内容,需设专节进行阐释。

（3）修辞格。修辞过程对于修辞格的依存没有上述三者强烈,但是言语组建阶段基本离不开修辞格的选择和运用,从这个角度看,修辞格可以且应该列入横向重要要素。再者,修辞格是修辞对象中资格最老的成员,它的研究历史最为悠久,受关注的程度历来很高,让人不可忽视。

关于修辞对象,有几点需要说明和强调:修辞对象只限于言语表达、构建行为。言语的接收和理解不属于修辞对象,如果一定程度上对于言语理解进行考察,那也只是为言语表达的研究服务,作为表达研究的佐证或补充。修辞对象基本上限于言语行为,关涉的材料主要是语言文字。但是某些领域如影视领域、广告领域、理工科相关领域的修辞研究,材料会拓宽到图片、符号、影像等,这是某些领域的特殊材料,这些材料还依赖语言文字基础,难以独立存在。超言语、非言语的人类其他行为,如漫画、舞蹈、雕塑、建筑、口技等行为不算修辞行为,不在修辞对象之列。

理论上讲,修辞过程包括全部的言语表达行为。言语表达从修辞绩效看,有上佳修辞、失败修辞和正常修辞的区别,无论哪一类都是修辞学的对象,每一类对于修辞规律的总结都会从不同角度提供信息,贡献价值。不过重点应该关注上佳类和失败类修辞,尽管正常类居多。当然"类"的认定、选择的界限有些模糊,不免见仁见智,这其中会体现出研究者的功力和水平。

修辞过程不限于修饰调整和言语组建阶段。早期,人们说修辞即对于语言的美化或修饰调整;后来,认识变更了,把修辞视为言语组建行为;如今,我们认为,修辞还不只是张口说话、落笔行文的言语组建行为,还需扩大到目的措置和修辞谋划。

由于目的措置和修辞谋划内容的丰富性、多层次性,这两个行为都不能一次性完成,部分行为必然出现在言语组建之前,有些则在言语组建之中出现。无论怎么出现,什么时候出现,都是实现言语组建所不可缺少的前提和条件,缺乏目的和谋划的指引和范型,言语组建寸步难行,甚至无从发生;修辞成败的界定、修辞规律的确定都必须参照修辞目的,不然一切将无从谈起。

有人说:"主题的确定和题材的选择是修辞过程之前就产生的,属于写说内容的形成阶段。修辞研究的是语言的调整,是在上述问题解决之后,才考虑如何运用语言技巧来表达思想内容。修辞现象仅仅是一种语言现象,在确定主题和选择题材时,是不存在修辞现象的。"[①]这一说法需要甄别。"主题"指什么? 如果就是修辞目的,则修辞学应该研究。通常的看法,主题是语篇——宏观语篇指一篇文章、整部书甚至多部曲,微观语篇指句群、段落等"超句体"——所表达的基本观

---

① 梁龙飞,彭千芮. 也谈修辞学研究的对象和范围[J]. 语文知识,2013(01):129-131.

点,是作品内容的主体和核心,常常用一两句话予以概括。这该属于我们说的修辞目的的范围,是修辞目的最高层次的概括。修辞目的是多层次的,最高层次的目的,在修辞过程中要不断分解,分化为不同层次、不同小点,但都属于修辞目的。"题材"指什么? 从文学角度看,或指文学作品描绘的社会生活的领域,或指写进作品里的社会生活。宽泛地讲,指作品内容主题所用的材料。这里的题材绝不是文学角度概念,用的是宽泛的视角。那么,作品所用的材料在不在修辞过程考虑之列? 也要分别对待。如果写一篇通信,一份年终总结,去调查、走访、搜罗材料,这个过程不在修辞过程之列;如果写作或说话时刻,搜寻一个典故、一个寓言、一个事例,作为论据或者一个导语、或者什么的,这应该纳入修辞过程,因为这同造句中练字、练词时搜寻一个字词没有本质的差异。因此,主题的确定属于修辞过程,材料的选择不能完全排除在修辞过程之外。

陈望道《修辞学发凡》关于修辞对象的阐述,很值得我们思考。他说:"语辞的形成,凡是略成片段的,无论笔墨或唇舌,大约都需经过三个阶段:收集材料、剪裁配置和写说发表。……收集材料最与生活经验及自然社会的知识有关系;剪裁配置最与见解、识力、逻辑、因明等有关系;写说发表最与语言文字的习惯及体裁形式的遗产有关系。""材料配置定妥之后,配置定妥和语辞定着之间往往还有一个对于语辞力加调整、力求适用的过程;或是随笔冲口一晃就过的,或是添注涂改穷日累月的。这个过程便是我们所谓修辞的过程。"这里,陈氏提及两种过程:一是语辞形成过程,包括三个阶段,过程长,范围广;二是语辞调整和适用过程,范围小,过程短,短得不及前者"写说发表"这一个阶段。那么修辞对象指哪个过程,这要看修辞的定义,陈氏说:"修辞就是调整和适用语辞",这样对象当然只能是语辞调整和适用过程,其范围小,过程短。宗廷虎先生将修辞对象限定在"语言调整"上,是在遵循陈望道先生的观点。如今我们修辞定义变了,修辞指言语表达、构建的全部行为,即陈氏所谓"语辞的形成",修辞对象应该拓宽,究竟怎么拓宽? 我们认为就是包括目的措置和修辞谋划两个阶段。

修辞学所关涉的要素,除上述外,常见的还有"同义手段""语言材料的表现力""修辞主体与话语对象的关系""修辞主体的角色定位"等,这些问题都可以展开研究。

这里的关于对象的叙述,无论是过程的还是要素的,都是粗线条的、轮廓式的。修辞学上关于此题的研究当然会深入、细致、周密地展开。

(二)修辞作品和修辞功能

以宏观语篇为直接对象,针对修辞作品本身展开研究,此类成果不多,却也古来有之。如历史上有名的评点类成果:归有光、方苞各自评点的《史记》,金圣叹评点的《水浒》《西厢》,毛宗岗评点的《三国演义》,脂砚斋评点的《红楼梦》等。当代学者对于专书或某作家作品开展研究,成果如林兴仁的《〈红楼梦〉的修辞艺术》、夏传才的《〈诗经〉语言艺术》、于根元、刘一玲的《王蒙小说语言研究》等。以宏观语篇为直接对象的研究,人气欠旺,成果有限,不是修辞研究的主流。修辞研究的主流是将修辞作品作为例证材料,乃间接对象。对作品的截取,或为词句,或为句群、段落,一般为微观语篇,极少涉及宏观语篇。作为间接对象,人们虽然也要对修辞作品进行考察、分析、比较,发现其中的特点,但目的不在作品本身,而在佐证自己的观点。

修辞功能研究,过去表现为语体的研究。"语体是在不同社会活动领域内进行交际时,由于不同的交际环境所形成的一系列使用语言特点的体系。""语体就是适应不同交际功能、不同题旨清境需要而形成的语言运用特点的体系,它是民族共同语的功能变体。"可见,语体研究就是语言的领域功能变体研究。研究语体的学科叫语体学。语体学与修辞学的关系,有三种看法:其一,两者各自独立,相互并列,地位平等。其二,两者各有不同,但相互交叉。其三,语体学属修辞学的一个部门,居于修辞学的最高层次,以语体为纲,统领对于修辞对象、修辞现象的研究。我们基本赞成第三种观点,但并不坚持修辞研究要"以语体为纲"。语体学对于领域的分类比较简单、笼统,早期分为口语和书面语,书面语再分为公文、政论、科技、文艺;后来分类有所变化,袁晖、李宗熙主编的《汉语语体概论》便新增了新闻、演讲、广告等语体,但仍然不够细致,未同社会活动领域接轨。与此同时,同社会活动领域直接对应的修辞学研究逐渐兴起,而且势头旺盛,形成了崭新的领域修辞学,如公关修辞学、交际修辞学、传播修辞学、旅游修辞学、广告修辞学、法律修辞学、商业修辞学、军事修辞学、外交修辞学、医务修辞学、小说修辞学等。领域修辞学是个开放性大学科,有多少领域就有多少学科;领域有不同层次,学科也有不同层次。领域修辞学方兴未艾,一些重要的领域目前关注也还不够,如行政领域、自然科学的诸多领域。领域修辞学同社会生活联系紧密,很有活力,很有发展空间,值得修辞学研究者高度关注。

以上是对修辞学研究对象的大致勾勒,重心在修辞过程。我们认为,以这里勾勒的对象轮廓为纲,完全可以建立一个新颖而厚实的修辞学新体系。

二、翻译修辞学的研究对象

既然翻译修辞学和修辞学都是研究语言手段选择问题的,翻译修辞学是否有存在的必要?回答是肯定的。其主要理由是修辞学和翻译修辞学的研究对象不尽相同:修辞学只着力解决作者意图、作者语境等与表达方式之间的矛盾,而翻译修辞学要解决的矛盾远比这些要复杂。简要说来,翻译修辞学的研究对象有:①原作修辞形式与内容的分析方法,即如何把握作者的意图、如何分析作者在特定情境、对特定对象传达信息时采用的语言手段选择艺术。②翻译修辞的标准,即翻译中的遣词造句拿什么作为依据和指导原则。③翻译修辞资源的系统描述,即对于译入语中可资利用的同义表达方式做尽可能详尽的整理、归纳。④翻译修辞的矛盾,即翻译的语言手段选择中,作者意图和译者意图、原作情境和译作情境、原作读者和译作读者、原文修辞资源和译文修辞资源等一系列矛盾的处理方法。⑤修辞格的处理。

翻译修辞学是翻译学的一个重要分支,是一门直接指导翻译实践的学问。它以翻译中的广义修辞问题为主要研究对象,原作修辞特色的理解与分析、译文词语和句式的选择、篇章结构的调整、文体与风格的再现以及修辞格的处理等,归根结底都属翻译修辞学的研究范畴。

第二章 翻译修辞学概述

第一节 翻译的概述

一、翻译的理论

翻译作为人类活动的一个领域,可分出三个范畴:翻译实践、翻译教学和翻译研究。翻译实践的工作基础是双语和双文化能力、百科知识和语际转换技能,工作方式是源文诱发的译文写作,服务对象是译文读者,目的是促成和实现语际交流。翻译教学的工作基础是翻译实践能力加上教学能力,工作方式是包括讲解、示范和批改学生练习在内的教学活动,服务对象是委托人、学生或学员,目的是培养能独立完成跨文化、语言交际的翻译人才。翻译研究的工作基础是有关语言、文学、文化和社会的理论知识以及对翻译活动进行观察和分析的能力,工作方式是对翻译实践的各个方面进行理论分析、描写和阐释,服务对象是翻译领域或相关领域的研究者、理论爱好者和部分实践者,目的是加深人类对语际交流的认识,揭示跨文化、语言交际的规律和实质。

与这三个范畴相应的人员即译者、教师和研究者三种角色,这三类角色也应当相互沟通。研究者研究的是实践者的具体工作过程和成果,教师讲授的也同样基于他人或自己的实践,没有翻译实践,翻译研究无从谈起,教学也会沦为空谈。就目前的情况看,许多理论研究人员也翻译过不少作品,许多翻译实践人员也不时写文章或著作探讨翻译问题。翻译教学人员往往具有不同程度的实践经验,或者一定程度的理论修养。从社会需求数量来看,实践人员居首位,教师和研究者依次次之。在双语和双文化方面有才能的人应该去从事各类翻译实践活动(不仅是文学翻译),为社会生活的各个方面做出应有的贡献。当这些人积累了一定的经验便可以从事译员培训或理论研究。教学和研究者绝不能脱离实践,口译尤其如此。至少就目前而言,很难想象一个从不或几乎不动笔、动口翻译的翻译教员或研究者能为翻译事业做出什么实质性的贡献。理论研究者的角色,或者说翻译理论研究是重要的,但从事这方面工作的人不应太多;实践者、教师和研究者应该有一个恰当的比例。

　　Hatim 在谈到理论与实践的关系时说:"翻译研究力推这样的主张——研究不仅是针对或关于翻译实践者的,还是实践者可以做的。"他呼吁打破实践与理论的绝对边界,提倡所谓自省考辨(self - reflective enquiry),即在实践中发现问题、思考问题、解决问题。这对当前我国翻译研究的现状是具有启示意义的,但也应该预见到,随着翻译学作为一门独立学科的发展,随着有关文章著述的大量涌现,随着研究的深度和广度的不断拓展,势必会出现越来越明确的分工。有专攻理论者,也有专事实践者。研究人员无暇从事实践,实践人员也无意去读那么多文章和著述。"实践和理论是不能互相取代的"，"实践家不是理所当然的理论家，理论家也未必就是理所当然的实践家，实践家可以成为理论家，但前提是他必须花费与他的实践几乎相同的时间和精力去钻研理论。反之亦然"[①]。理论研究人员不应将实践人员贬为"翻译匠"，工匠干活其实自有其原则和方略，塑得一篇篇独具匠心的好译文，是很了不起的。实践人员也无须将理论斥为空谈，他们其实是以你为研究对象的，他们发现的东西可能对你有用，你也可以用自己丰富的实践为他们提供材料，对他们的看法进行批评。应该提倡理论研究者从事些翻译实践，也应提倡实践者多少读一点、写一点研究文章，在翻译研究发展的目前阶段尤其应这样做。但这两类人毕竟是在两个范畴内从事着不同性质的活动的。理论研究人员翻译点东西，可能是为亲自体验一下，验证理论问题，他们并不以卷帙浩繁的译著为己任；翻译实践者也会看点文章、写点文章，但由于他们无暇研读大量文献，他们的文章并不充分引证他人观点，没有长长的参考书目，倒更像是个人经验的总结和体会。所以我们现在读到的文章或著作，大致就可分为两类：理论著述和经验著述，而这两类文章和著作都是有价值的。

　　研究者和实践者是可以沟通的，但他们是两种角色，研究层面和实践层面也是两个不同的范畴。Toury 在谈论翻译研究和实践的关系时这样说："翻译实践当然是翻译研究各个分支的目标层次，但却不是诸分支的'实际应用'。这正如说话……并非语言学的实际应用一样；但语言教学或言语矫治

---

①孙伟. 全球化语境下的翻译伦理研究[J]. 北京第二外国语学院学报，2010,32(08):7-13.

倒是语言学的具体应用。"同样,本书建立翻译语境描写理论框架的直接目的,只是揭示跨文化、语言交际的性质和规律,从而深化对语篇生成和使用机制的认识。它与翻译实践和教学不是一回事,但会对翻译教学和翻译批评产生影响。"理论将不仅以抽象形式存在,它将是动态的,将涉及对翻译实践中具体问题的探索。理论和实践将互相滋养。"

二、翻译的价值

一个独立的社会群体往往会有一套完整的价值体系。面对翻译,人们遵从特定的价值基准而抱有一套信念、原则和标准。翻译的价值一般侧重于社会文化交际价值、美学价值和学术价值。

(一)社会文化价值

社会的变革、文化的进步往往与翻译分不开。历史上许多著名的翻译家都以促进社会进步、弘扬优秀文化为己任。严复以探究"格致新理"来促进国家富强,他是以译书来实现其价值目标的。严复在《原强》一文中说:"意欲本之格致新理,溯源竟委,发明富强之事,造端于民,以智、德、力三者为之根本。三者诚盛,则富强之效不为而成;三者诚衰,则虽以命世之才,刻意治标,终亦隳废。"

鲁迅先生视科学翻译为"改良思想,补助文明"之大业。在他的翻译生涯中科幻、科普翻译占有举足轻重的地位。鲁迅先生1902年东渡扶桑,1903年(时年22岁)即开始翻译活动:从日语转译儒勒·凡尔纳的科学小说《月界旅行》。当时,国内翻译作品虽多,但泥沙俱下,出现不少低级庸俗的侦探凶杀和社会言情小说。对此,鲁迅先生在书前的《辨言》中明确指出:"科学小说,乃如麟角。智识荒隘,此实一端。故苟欲弥今日译界之缺点,导中国人群以进行,必自科学小说始。"其翻译的目的是让读者"获一斑之智识,破遗传之迷信,改良思想,补助文明"。此后,他1904年译《北极探险记》,1905年译《造人术》,1907年译《科学史教篇》,1927年写《小约翰动植物译名》,1930年译《药用植物》等。对于科学翻译的意义鲁迅先生早已阐述得十分清楚。

哲学家贺麟对翻译的价值判断是:"翻译的意义与价值,在于华化西学,使西洋学问中国化,灌输文化上的新血液,使西学成为国家之部分。……这乃正是扩充自我、发展个性的努力,而绝不是埋没个性的奴役。翻译为创造之始,创造为翻译之成。翻译中有创造,创造中有翻译。"

我国单向引进外国文化和文明的时代已经一去不复返了。"中国文化走出去"已成为重要的国家文化战略,它既是文化自身发展的长远规划,也是运用文化的力量推动发展的一种战略。翻译作为文化的一支,自然是发展和推动文化建设的重要力量。

纵览世界历史不难发现,冲突、对话、融合历来是文化发展的主题,翻译一直担负着调停人、中间人的作用,翻译的价值正在于此。

(二)美学价值

无论是文学翻译或应用文体翻译都有一个审美过程,只是美的体验不同、意境不同、表现方式不同而已。研究表明,无论旅游翻译、新闻翻译、广告翻译甚至科技翻译都有美学要求。当然,总体而言,文学翻译的美学价值表现得更充分。

"翻译中的审美体验一般遵循以下规律:对审美客体的审美再现过程的认识—对审美认识的转化—对转化结果的加工—对加工结果的再现。"可见,整个翻译过程是一个审美过程。译者(翻译主体)的审美认识和审美条件往往决定译文的审美效果和美学价值。

马建忠的"善译",林语堂的"忠实、通顺、美",许渊冲的"三美",无不把"美"作为翻译标准。许多优秀的译者把追求完美视作他们生命的价值。

魏荒弩在《浅谈译诗》中说:"对任何事物,认识都不会一次完成,对于译诗艺术来说更有个不断完美的过程。通过修改,实现译品由野到文、由粗到精、由有缺陷到尽可能完美的境界。"

傅雷在《翻译经验点滴》中说:"《老实人》的译文前后改过八遍,原作的精神究竟传达出多少还没有把握。"这种追求卓越、追求完美的精神已成了优秀翻译家的价值取向,也成了翻译传达美、交流美的价值所在。

(三)学术价值

翻译的学术价值并不在于翻译作为一项实践活动本身,而是说通过翻译或以翻译为手段,人们进行学术研究,从而体现它的理论意义。

首先,翻译学的学术研究离不开翻译实践,翻译实践是翻译理论的土壤。翻译过程作为一种心理活动虽然不一定能量化,但它是可以被描写的。翻译的结果是可以鉴别和比较的,从而可以确定它的优劣翻译研究作为科学研究必须有事实为依据,译文就是翻译的事实。科学研究需要实证,即用实际来证明,现代化的计算机大规模实证研究就是建立在翻译语料库基础上的。

翻译和翻译过程不仅是翻译研究的直接对象,而且也是许多学科的研究对象。哲学一直关注人、思维、语言、符号和世界的关系问题。特别是语言与思维的关系问题,语言哲学与翻译更不可分了。维特根斯坦的语言游戏说、奎因的翻译的不确定性、海德格尔的现象学翻译观、德里达的解构主义、戴维森的不可通约性,从不同的角度或解释翻译活动的现象,或给翻译研究以形而上的启迪。文化学、比较文学、计算机科学等多种学科都以翻译和翻译过程为手段或依托开展理论研究或实践研究。

三、翻译的过程

翻译的过程是一个十分繁杂的心理过程,其工作重点是如何准确地理解原文思想,同时又恰当地表达原文意义。换言之,翻译的过程就是译者理解原文,并把这种理解恰当地传递给读者的过程。它由三个相互关联的环节组成,即理解、表达和校改。这三个环节是相互联系、往返反复的统一流程,彼此既不能分开隔断,又不能均衡齐观。

(一)理解

1.翻译中理解的特点

翻译中的理解在许多方面有其自身的特点:①翻译中的理解有着鲜明的目的性,即以忠实表达原作的意义并尽可能再现原作的形式之美为目的,因此,它要求对作品的理解比一般的阅读中的理解更透彻、更细致。翻译的理解系统从宏观上看,要包括原作产生的社会、历史和文化背景;从微观上看,则要细致到词语的色彩、语音甚至词形。从某种意义上来说,以翻译为目的的理解比以其他为目的的理解所面临的困难都要多。以消遣为目的的理解显然无需去分析作品的风格,更无需去认识每一个词。即使以研究为目的的理解也无需面面俱到,而只是对所关注的内容(如美学价值、史学价值、科学价值、实用价值等)的理解精度要求高一些。②以翻译为目的的理解采用的思维方式不同于一般的理解。一般的理解,其思维方式大多是单语思维,读汉语作品用汉语进行思维,读英语作品就用英语进行思维。以翻译为目的的理解采用的是双语思维方式,既用原语进行思维,又用译入语进行思维。原语与译入语在译者的大脑里交替出现,　正确的理解也逐步向忠实的表达推进。③以翻译为目的的理解——表达过程的思维方向遵从的是逆向——顺向模式。一般的抽象思维的方向是从概念系统到语言系统,而阅读理解中的思维则是从语言系统到概念系统,是逆向的。一般的阅读理解捕捉到语言的概念系统后任务便完成了,而翻译则要从这个概念系统出发,建构出另一种语言系统,这则是个顺向思维过程。

2.理解中应注意的方面

理解是翻译过程中的第一步,是表达的前提,这是最关键,也是最容易出问题的一个环节。不能准确透彻地理解原文就无法谈及表达问题。理解包括:①理解语言现象:语言现象的理解主要涉及词汇意义、句法结构、修辞手段和习惯用法等。②弄清文化背景:英美的文化背景和我们不同,由此产生了与其民族文化有关的习惯表达法。翻译时必须弄清历史文化背景,包括有关的典故等。③理解原文所涉及的专业知识。④透过字面的意思,理解原文内在的深层含义;翻译时需弄清具体含义,切忌望文生义。特别是对文学作品,还要抓住其艺术特色,并深入领会其离意。⑤联系上下文语言环境:认真阅读上下文,了解语言环境,也就是要在一定的语言环境中才能理解得深刻透彻,只有联系上下文,才能理解原文的逻辑关系,才能确定词语的特定含义。透过表层理解深层意义,同样是靠上下文语言环境。

从语言学的观点看,孤立的一个单词、短语、句子,就很难看出它是什么意思,必须在特定的语言环境中,有一定的上下文才能确定它的意义,才能得以正确的理解。

综上所述,理解在翻译过程中至关重要,而要做到理解准确,除精通语言外,还要熟悉文化背景,正确处理语义与逻辑关系和语境关系。

(二)表达

表达是翻译过程中的第二步,是实现由原语至译语信息转换的关键。理解是表达的基础,表达是理解的目的和结果。表达好坏取决于对原语的理解程度和译者实际运用和驾驭译语的能力。

理解准确则为表达奠定了基础,为确保译文的科学性创造了条件。但理解准确并不意味着一定能翻译出高质量的译文,这是因为翻译还有其艺术性。而翻译的艺术性则依赖于译者的译语水平、翻译方法和技能技巧。就译语而言,首先要做到遣词准确无误,其次还要考虑语体、修辞等因素,切忌率尔操觚、随便乱译。另外,表达还受社会方言、地域方言、作者的创作手法、写作风格以及原语的影响。

翻译时还必须根据具体的情况选择合适的语言单位。如果把句子作为翻译单位,在句子内部又要考虑词素、词、词组、成语等作为翻译单位的对应词语,同时在句子外部还需考虑句子与句子之间的衔接和风格的统一等。由于两种语言之间的差异,译者在翻译单位的对应方面仍会遇上表达的困难。因此,译者必须对两种语言不同的特点进行对比研究,从而找出克服困难的某些具体方法和技巧。

(三)校改

校对和修改译文也是翻译过程中不可缺少的一个环节。翻译得再好,也难免会有疏忽和错漏的地方,只有认真校改加以补正;即使没有错译或漏译的地方,有些术语、译名、概念以及行文的语气风格也会有前后不一致的情况,必须通过校改使之一致起来;在文字上,译文还须加以润饰,比如把表达不够准确的词语改成能够完全传神达意的词语,把逻辑上不贯通或语气上不顺的句子改好、理顺等;在分段和标点符号的使用上,应按译文语言的习惯来进行处理。

具体而言:①核对人名、地名、数字和方位等是否有错漏。②核对译文中大的翻译单位有无错漏。③修正译文中误译或欠妥的翻译单位。④校正错误的标点符号。⑤文字润色、统一文体,使译文流畅。

校改是理解的进一步深化,通过校改可以深入推敲原文。一般来讲,译文要校改2~3遍。第一遍重在核实较小的翻译单位,如词、句,看其是否准确。第二遍着重句群、段落等大的翻译单位并润色文字。第三遍则要过渡到译文的整体,看其语体是否一致,行文是否流畅协调。切忌诘屈聱牙或通篇充斥生僻罕见、陈腐过时的词句。总之,第一、二遍由微观入手,第三遍则上升到宏观校核。当然,如时间允许,多校对几遍也很有必要。

(四)理解、表达和校改三者之间的关系

上述理解、表达与校改都是翻译过程中不可缺少的环节,而且这三个环节是相互联系的。特别是理解与表达,是很难截然分开的。在翻译实践中,译者理解原文时,必然同时要考虑选择什么样的表达方式;在表达时,必然又在加深对原文的理解。对原文某一词语的初步理解不够准确时,就有可能译出与上下文不相适应的表达方式。这时就会迫使译者不得不再一次深入理解原文,从而找出更恰当的表达方式。由此可见,在翻译实践中理解与表达是一个多次反复、而又互相联系的过程。至于校改,一般说来是在完成理解与表达的初译过程之后进行的。但是理解与表达过程中多次反复的分析与斟酌,实质上也就包含了反复校改的过程,而且在最后校改的阶段,也必然伴随着理解与表达的活动。所谓"校",就是指通过对译文表达形式的校阅,来查对译者对原文的理解是否准确无误;所谓"改",就是把译文中欠妥的表达形式进一步用更好的语言形式表达出来。

第二节　翻译修辞学的基础知识

在西方学术发展史中,修辞学的地位虽有动摇,但其总体上作为显学的地位一直延续至今。修辞学已广泛渗透到其他学科,如哲学、文艺学、历史学等。当然,其与文体学、叙事学、语用学等有更为密切的关联,也可认为这些学科都是修辞学分化出的,学科之间具有更强的家族相似性。学科间性指不同学科之间知识资源相互利用、相互借鉴、相互指涉的关系。翻译学一直游走于众多学科之间,如语言学、文化学、哲学、心理学等,学科间性是翻译研究格外突出的本质属性。翻译学与修辞学亦有许多共性,如都是研究言语交际的综合性人文学科,目的都是服务于社会实践,促进人类相互交往和沟通等。鉴于修辞学强劲的学科渗透性,其与翻译学联姻也可产生强大的间性力量,催生出翻译修辞学的分支学科。

一、翻译修辞学简介

翻译与修辞相结合的研究大多集中在修辞格以及风格的翻译上。就《红楼梦》的翻译研究而言,在作者所搜集的117篇论文中,此类研究就高达22篇。其他话题还有研究译者与演讲者相似关系的,研究翻译过程中修辞意识与方法的,研究文学翻译中修辞辨识的等,这些从修辞(学)视角探索翻译的研究为翻译修辞学的建立奠定了基础。

杨莉黎2001年正式提出了"翻译修辞学"的概念,当时他断言总结前人经验,兼取普通翻译学理论和修辞学理论之长,建立翻译修辞学的条件已经成熟,并论述了翻译修辞学的一些基本问题。然而响应者几乎没有,这也许与修辞学本身的发展有关。国内修辞学在20世纪主要以语言研究为主,基本上是以语言为本位的修辞观。21世纪初,一些学者的广义修辞观把修辞研究推向一个新的阶段,如谭学纯等把修辞技巧、修辞诗学和修辞哲学作为广义修辞学的三大功能层面,并分别对应于话语建构方式、文本建构方式和人的精神建构。广义修辞学突破了就语言谈语言的限制,把触角伸至人的思维和精神,甚至是生存方式,为翻译修辞学的系统构建提供了新的理论资源。

翻译修辞学是翻译学的一个分支学科,既可指导翻译实践,又可丰富翻译理论。杨莉黎提出的翻译修辞学主要"以探讨翻译中的语言手段选择方法和原则为理论核心,而不再仅仅局限于翻译中的修辞格处理问题",是"一门直接指导翻译实践的学问",基本上没有脱离狭义修辞学的范围。然而,杨莉黎提出的翻译的修辞标准(切合情景题旨),修辞资源(传达原作意义的译入语中的各种表达手段)的系统描述,翻译修辞学的研究方针(修辞理论、翻译理论的融会贯通和对句法、语义、文体等的借鉴吸收;坚持理论与实践的紧密结合)等为翻译修辞学的系统构建指明了方向。作者认为翻译修辞学旨在借鉴修辞学(特别是广义修辞学)中的各种理论资源,如修辞认知、修辞能力、修辞原型、论辩修辞、同一修辞等,同时结合其他相关学科,如哲学、美学、文体学、叙事学、语义学、语用学、句法学、文化研究、认知科学等,扩大翻译研究的理论视野,而不仅仅是为了指导翻译实践。翻译修辞学不仅研究翻译中的修辞手段、文体风格等客观的语言资源,而且探索翻译主体(如译者)的心理运作、认知语境、修辞行为、精神建构等。

二、翻译修辞学的意义

提高译文的整体质量是翻译修辞学最主要的实践意义;丰富、充实翻译的文体学理论、翻译批评理论,建构完整的翻译学体系是翻译修辞学最主要的理论意义。

在我国翻译界，翻译文体学、翻译批评理论走在了翻译修辞学研究的前面。但是，事实上这两种理论都需要翻译修辞学的支持和深化。刘睿庆对这个问题有深刻的认识，在他的翻译文体学论著中专门写了《修辞与翻译》一章。长远看来，翻译修辞学不应只是翻译文体学、翻译批评理论的从属，而应在翻译学体系中占据重要地位。

三、翻译修辞学的系统构建

翻译修辞学的系统构建是一个庞大的工程，需要集体努力，长期奋战。对之进行多维研究的主要目的便是为了系统构建翻译修辞学，提供一个可供深入研究的论题系统。跨学科研究是学术发展的催生力量，学科间性是很多年轻学科的突出特征，翻译学亦不例外。翻译修辞学的多维研究之间并不是截然分开的，很多维度在特定语境中可相互转化，有时某一论题本身就暗含了多种维度。如《红楼梦》中红之象征的翻译研究既可属于技巧维度（作为修辞格），也可属于诗学维度（参与文本构建），同时还可属于文化维度与哲学维度（承载着中华民族的集体无意识）。要建立翻译修辞学这一"分支学科"，除多维研究之外，还要厘清翻译修辞学的学科归属、研究对象、研究意义、研究原则、研究方法等。

翻译修辞学首先是翻译学的一个"分支学科"，主要是利用修辞学以及其他相关学科的理论资源来研究翻译现象的一门学问。目前修辞学与翻译学在理论资源上主要是"供体-受体"的关系。然而，随着翻译学的发展与成熟，相关翻译理论也可用来研究修辞现象，正如刘亚猛所言，"以研究语言应用为己任的修辞学界没有理由不将审视的目光投向翻译。"如此一来,也可把翻译修辞学归为修辞学的"分支学科"。学科归属的区分主要取决于研究对象与理论受体主要是翻译学的还是修辞学的,当然这与研究者的学科背景似乎也不无关联。杨莉黎认为翻译修辞学的研究对象主要有:①原作修辞形式与内容的分析方法,即如何把握作者的意图、如何分析作者在特定情境、对特定对象传达信息时采用的语言手段选择艺术。②翻译修辞的标准,即翻译中的遣词造句用什么作为依据与指导原则。③翻译修辞资源的系统描述,即对于译入语中可资利用的同义手段做尽可能详细的整理归纳。④翻译修辞的矛盾,即翻译的语言手段选择中,作者意图与译者意图、原作情境与译作情境、原作读者与译作读者、原作修辞资源与译作修辞资源等一系列矛盾的处理方法。⑤各种修辞格的处理。杨莉蔡采取的主要是狭义修辞观,视野还有待开拓,尤其是要引入广义修辞学的相关理论资源,如修辞诗学、修辞哲学、修辞认知、修辞理性等。概而言之,修辞学视角下的翻译研究与翻译(研究)中的修辞现象都属于翻译修辞学的研究范围,其不仅涉及语言与文本,还涉及人的心理、思维与存在,涵盖主体与客体、表达与理解、微观与宏观各个层面。翻译修辞学的研究对象需要模糊界定,采用原型或有家族相似性的概念对之进行范围厘定,有典型与边缘之分,典型的对象可优先研究,然后再扩及到边缘对象。

翻译修辞学具有实践与理论双重意义。在实践层面,主要是为译者的具体修辞操作提供指导与参考,提高译文的整体质量,如具体修辞格的翻译策略研究、翻译过程中的同义手段选择、修辞诗学视角下的整体细译法、西方修辞学中的读者分析对翻译实践的启示等。在理论层面，主要是通过具体论题的深入研究，构建相应的翻译修辞学话语体系，丰富与拓展翻译研究者的理论视野，为翻译学增添一个新的"分支学科"。实践层面与理论层面是协同进化的，即翻译修辞学（具体）理论是基于实践归纳的，反过来又可指导翻译实践。翻译修辞学的系统构建要贯彻以下五个原则：①要注意研究的层次性（如技巧、诗学与哲学）、阶段性（如典型论题优先研究）和系统性（如多维度之间的相互关系）以及跨学科移植的相关性与适存性（如距离美学、社会网络理论）。②坚持理论与实践相结合，基于翻译实践，建构翻译修辞学话语体系。③在透彻研究修辞学理论的基础上，加强相关学科理论资源的吸收与借鉴（如哲学、美学、语言学其他分支学科）。④注意中国传统修辞资源的现代转换（如墨家的论辩修辞、刘勰的"六观"说、"八体"说等修辞思想）。⑤注意中西修辞传统的差异以及各自的适用范围（如西方主要为演讲修辞，中国主要为写作或文章修辞，前者更适用于口译，后者更适用于笔译）[1]。当然，厘定这些原则主要是为了充分实现翻译修辞学的实践价值与理论意义。

　　翻译修辞学的研究方法主要包括以下六个"结合"：①不同的学科相结合（以修辞学与翻译学为主体学科，前者为供体学科，后者为受体学科，同时辅以其他相关学科），充分发挥学科间性的优势。②局部与整体相结合，充分发挥系统论的作用，注重各维论题系统之间及其与翻译修辞学整体系统的互

---

①冯全功. 翻译修辞学论纲[J]. 外语教学, 2012, 33(05):100-103.

动与关联。③精专与广博相结合,前者在于具体论题深入研究,后者在于翻译修辞学的多维研究以及后续论题的导入。④理论与实践相结合,基于翻译实践,如《红楼梦》英译、《红高粱》英译、中国古典诗词英译等,论述翻译修辞学的理论问题,如诚信翻译观、互文翻译观、语篇翻译观、文学翻译(批评)的论辩修辞模式等。⑤内部与外部相结合,前者主要是(文学)翻译的语言艺术(文学性)研究,外部主要为文化思想研究,内部研究为主,外部为辅,采取由内到外再从外入内的研究思路,回归翻译研究的语言本体。⑥定性与定量相结合,总体为定性研究,构建相对自足的翻译修辞学话语体系,具体论题可用定量研究,如译者风格、称谓修辞、隐喻翻译策略等。翻译修辞学虽然也研究人以及人的心理与精神世界,但总体上需要采取"基于语言—超越语言—回归语言"的研究路径,以原文和译文的语言为起点,从语言片段向文本整体设计以及人的精神世界延伸,最后再回到人类精神世界的语言表征上。

第三节　翻译修辞学的多维研究

翻译修辞学旨在借鉴中外修辞学的各种理论资源,如广义修辞学的三大功能层面(修辞巧、修辞诗学与修辞哲学)、修辞认知、喻化思维、修辞能力、修辞原型、同一修辞、论辩修辞等,同时结合其他相关学科,如美学、哲学、文体学、叙事学、语义学、语用学、文艺学、心理学、传播学,扩大翻译研究的理论视野,而不仅仅是为了指导翻译实践。翻译修辞学不仅研究翻译中的修辞技巧、叙事话语、文体风格等语言资源,而且也注重探索翻译主体的心理运作、认知语境、修辞行为、精神建构等。这就决定了对翻译修辞学进行多维跨学科研究的必要性,如技巧维度、认知维度、哲学维度、文化维度等。

一、技巧维度

修辞格是传统修辞学的核心内容,技巧维度也是翻译修辞学的重要内容,主要表现在炼字与修辞格的翻译上。炼字是中国古典修辞学的重要话题,在文学创作中多有应用,尤其是古典诗词。可研究的论题如:中西炼字说的异同考辨及其在翻译文本中的表现;文学创作中的炼字说对文学翻译的启示;翻译炼字的修辞格属性与艺术化效应;翻译中寻常词语陌生化的修辞效果与应用潜力;作家改稿中炼字与译者改稿中炼字的比附研究。当然,从文学翻译中的炼字还可引发出句子的锤炼、篇章的锤炼(尤其是编译实践)等。修辞格的翻译虽然历来探讨很多,但研究空间依然很大。可研究的论题如:某一修辞格翻译策略的系统研究,如比喻、双关、引用等;原文修辞格的再现与转化;译文修辞格的添加与删减;文学翻译中不同修辞格之间的相互转换;文学翻译中修辞格的语篇建构功能等。霍克思英译《红楼梦》中增添了很多原文本身没有的修辞格,如头韵、比喻、用典等,这就为修辞格的再现(或转化)与增删研究提供了广阔的空间。《红楼梦》中的大多双关(尤其是人名双关、如三春双关、林/雪双关)具有语篇建构功能,在暗示人物命运、建构故事情节等方面发挥着重要的作用,可研究译者是否再现了双关的语篇建构功能。再如,莫言的《红高粱》充分利用了拟人修辞格(作者泛灵论思想的典型表现),使小说中的红高粱成为"活生生"的灵物,会"痛哭"、会"呐喊助威"、会"向苍天呼吁"等,可研究译者是否充分再现了红高粱的拟人属性及其语篇建构功能。修辞格的翻译研究贵在有具体的文本依托,使之从技巧层面上升到策略层面或诗学层面。

二、认知维度

隐喻不仅是一种修辞技巧,同时又是一种认知手段与思维方式,认知维度探讨最多的莫过于隐喻的翻译①。但隐喻中死喻的翻译在译界鲜有论及,如不妨以《红楼梦》诸多英译本为例,研究中外译者对汉语死喻的敏感性,即对汉语死喻中固化意象的再现或转化或删减,如"命根""掌上明珠""蜂拥而上""鱼贯入朝""萍踪浪迹"等。早期国外译者是否对汉语中的死喻更加敏感,更倾向于再现死喻中的意象,背后的原因是什么,跨文化移植的效果如何?死喻翻译是一个值得深入研究的论题,尤其是国内外译者的对比研究。中外对翻译(译者)有很多形象的比喻,如"媒婆""仆人""竞赛""征服""美而不忠的女人"等,这些隐喻是否折射出译者地位的历时变化,是否与翻译伦理密切相关,对翻译批评与译学建设是否有所启示?译界对此也有初步思考,如谭载喜、边立红等。修辞认知是一种诗性的、反逻辑的、审美化的认知方式,是针对概念认知提出的一个概念,对文学翻译也颇有启示。概念认知与修辞认知在一定条件(语境)下可相互转化,如"绿灯""绿色蔬菜"等,既可实指,又可喻指。文学翻译中也存在着同样的转化现象。如从"绿色～～"(如绿色食品、绿色批评)也可引发出"绿色翻

---

① 黄贻宁. 英语新词生成的隐喻途径[J]. 温州大学学报(社会科学版),2009,22(02):96-100.

译"的概念,特指无污染、可重复利用与可持续存在的优秀译文。

关于修辞认知与(文学)翻译的研究,初步成果有邱文生、冯全功等,可继续深入研究的话题包括:修辞认知转换模式研究(如修辞认知转换为概念认知、修辞认知还原为修辞认知、概念认知转换为修辞认知等),转换动因研究(语言、文化、诗学、个体),功能与效果(强化、等化或弱化了原文的文学性)研究等。记忆是西方古典演讲修辞"五艺"说中的内容,在口译研究中的应用已比较成熟,但在笔译中似乎很少涉及。译者记忆与互文翻译就是一个很好的论题。互文翻译就是充分利用前译以及其他相关文学作品与文献等互文资源,力争产生精品译文的翻译理念,这与译者的记忆(尤其是长期记忆)是分不开的。其他如关联理论与译者创造性叛逆的修辞解读、文学翻译中的象似性原则等也是翻译修辞学认知维度的重要论题。

三、美学维度

修辞与美学也密不可分,修辞学有时也被称为美辞学。修辞论转向是中国现当代美学的第三次转向,具有内容形式化、体验模型化、语言历史化与理论批评化四大特征。叙事学与文体学视角下的文学翻译研究大多具有上述四个特征,属于修辞论美学与文学翻译的联姻,如申丹的《文学文体学与小说翻译》等。和谐美学是周来祥基于中国古典美学建构的相对自足的美学体系,对翻译研究颇有启示。冯全功基于周来祥的和谐美学提出过"和谐翻译"的概念,从文本之间的和谐、主体之间的和谐与文化之间的和谐三大方面对之进行阐述。该文比较宏观,和谐翻译微观层面上的修辞运作、修辞原则与修辞表现还有待研究,也就是说,如何才能从修辞层面保证原文与译文之间的和谐关系以及译本本身的和谐还有待进一步研究。距离美学对文学翻译也有很大的解释力,尤其是译者的"创造性叛逆"。原文与优秀的译文之间往往是一种"隔而不隔"的关系,"隔"便是距离,距离产生美。正如郑海凌所言,"真正艺术化的美的译作,都是陌生的、奇特的,与原作之间有一定距离的,因而从形式上看似乎是不很忠实的。"霍克思英译的《红楼梦》中便有很多类似的审美"距离",不管是形式上还是语义上(如对小说中诗歌的翻译及其所采取的灵活押韵策略),很大程度上提高了霍译作为独立文本的价值。文学翻译中的形貌修辞(包括字体变化、排列方式、标点符号等)一般是为了提高译文的视觉效果与认知凸显度,很多亦具有美学意义,一定程度上体现了"还形式于生命"的翻译美学命题。模糊美学中的模糊修辞在文学创作中多有应用,译者若能再现原文的模糊修辞,可使译文具有与原文相似的蕴含格局与解读空间。除了再现原文的模糊美之外,还可研究模糊美与精确美之间的相互转化,如译者对比喻中相似点的处理(显与隐)及其审美效果等。

四、诗学维度

翻译修辞学的技巧维度主要涉及语言的片段,诗学维度则主要涉及整个文本的建构,两者之间在一定条件下可相互转化。《红高粱》中的红高粱,集中体现了作者的泛灵论思想,从技巧维度而言,作者对红高粱的艺术化处理是一种拟人修辞格,从诗学维度而言,便是一种象征,与人物形象的塑造与故事情节的建构密切相关。《红高粱》的译文是否具有同样的艺术效果呢?《红楼梦》书名中的三个修辞原型(红、红楼与梦)同样具有语篇建构功能,与小说的三重主题说(生命之美的挽歌、贵族家庭的挽歌与尘世人生的挽歌)具有很强的对应关系,翻译要体现出书名中的三个修辞原型及其在小说中的具体表现,所以书名也不妨译为"Red Mansion Dream"。语言情绪也是广义修辞学的一个重要论题。《红楼梦》中处处渲染着一种"悲散"的语言情绪,如"盛筵必散""落了片白茫茫大地真干净"等,具有很强的心理感染力,可研究译者是否再现了这种语言情绪及其对应的修辞表现。译者风格研究是对文本整体而言的,可归在诗学维度,既可结合原文研究译者的风格(是否再现),也可独立研究译者的风格(是否具有自己的个性)。如葛浩文是否再现了莫言小说繁复的语言风格,是否有"瘦身"现象,有无自己的翻译个性? 翻译策略研究也属于诗学维度,可从具体的翻译现象归纳出译者的翻译策略,如霍译《红楼梦》中的诗歌翻译的押韵策略便可归纳为"据意寻韵""因韵设意"与"改情创韵",其他如霍译的整合补偿策略、形貌修辞策略、文化杂合策略、散体向诗体转换策略、体例更易策略等,霍译的这些创造性特征很大程度上说明了翻译个性的活跃存在。

五、哲学维度

修辞哲学既可指修辞话语的哲学内容又可指修辞本身的哲学维度,翻译修辞学的哲学维度同样如此。前者与作者(话语发出者)的世界观、人生观、价值观等密切相关,体现了人的精神构建,如《红楼梦》中的女性修辞、对立修辞、俗语修辞等。

贾宝玉的女性修辞具有明显的"女儿崇拜"特征,《红楼梦》各家译文是否体现了这种倾向,对"女儿"的具体措辞有何差异(girl,woman,female)等?《红楼梦》中的对立修辞(如真假、有无、阴阳)具有很强的辩证性,但作者也有一定的取舍倾向,译文是否体现了作者的偏好(如强调无、了等)? 小说中的俗语修辞(如"月满则亏,水满则溢","成事在人,谋事在天"等)不仅要再现出俗语的哲理内容,还要注意俗语本身的俗语性,如韵律优美、形式对称、语言简洁、思想深刻。论辩修辞是产生共识真理与人文知识的重要途径,文学翻译批评中的论辩修辞亦然,其有利于消除分歧,达成共识,为文学翻译批评提供一个有效的操作路线,尤其是后设批评。K.Burke的同一修辞也具有很强的哲学意味,所谓"同一"(identification)指共享某种本质(consubstantiality),这对任何生活方式也许都是必需的。不管是劝说还是同一,人在其中都起着主导作用,语言符号只是达到目的的手段,同一修辞更加强调沟通、交流与合作。这就启发译者要采取各种翻译策略,充分利用各种语言资源,与原作者、译文读者以及其他翻译参与者达致同一,促进翻译中人际关系的和谐。同一修辞对和谐翻译亦不无启示,包括微观的文本语言层面以及宏观的主体文化层面。I.A. Richards的修辞哲学主要研究词语如何在话语中发生作用,研究误解及其纠正方法的,这种修辞(意义)哲学对如何解释与避免翻译中的误解、误读以及误译问题不无启示,亦值得深入探索。

六、文化维度

思维方式是文化的重要内容,中西思维方式存在很大的差异,这在汉英语言中亦有所体现。中国人重模糊,西方人重精确,这是否与汉语的意合与英语的形合构成对应关系,在翻译中有何修辞表现? 中国人重意向性,西方人重对象性,这是否与汉语的人称与英语的物称构成对应关系,在翻译中有何修辞表现? 中国人重求同性,西方人重求异性,这是否与汉语的重复与英语的替换构成对应关系,在翻译中有何修辞表现? 另外,中英话语组织遵循不同的规律,如时间先后率、空间大小率、心理重轻率、事理因果率,汉语相对固定,英语相对灵活,这在翻译中又有何修辞表现,是否需要进行逻辑重组,效果又是如何? 这些有关思维方式的差异及其在翻译中的修辞表现都是翻译修辞学文化维度的重要论题,有利于把翻译中的语言对比提升到思维文化的高度。

原文读者与译文读者在阅读原文与译文时具有不同的文化视野,这就构成了两者之间的文化语境视差,如何有效减小或消除这种文化语境视差是译者不得不考虑的问题,如采取各种形式的翻译补偿,采取深度翻译(thick translation),或直接进行归化处理等。如果翻译直接用英语写作的有关中国的文学作品,如林语堂的"Moment in Peking",谭恩美的"The Joy Luck Club"等,是否也存在与深度翻译相反的"瘦身翻译"(thin translation)现象呢,即删掉了原文中针对汉语读者而言冗余的语言文化信息? 汉语中的称谓修辞(如古汉语中的谦称与敬称、家族成员之间的称呼)具有明显的中国文化元素,这在翻译中又该如何处理? 很多颜色话语(红、黄)、动物话语(龙、狗)、植物话语(梅竹、水仙)等,在中西文化语境中有不同的联想或象征意义,又该如何通过翻译达到跨文化交流的目的?

所有这些论题都可归结为面对异域文化译者应该如何进行修辞处理的问题。文化因素是最复杂的、最深层的,这也是翻译界出现文化转向至今不衰的重要原因。然而,不管文化多么重要,在翻译中,它都要通过语言(修辞)来表现,都可对其进行语言或修辞分析,这也是学界提倡翻译研究回归语言的内在原因。

七、伦理维度

翻译伦理是一个热门话题,既涉及主体问题,又涉及文本问题。翻译伦理的规范性大于描写性,主要是"应该"而非"是"的问题,是"求善"而非"求真"的问题,是译者应该怎么做,译文应该是什么样子的问题。中国很多翻译论述具有明显的伦理意味,如彦琮的"八备"说、严复的"信、达、雅"以及"忠实""诚信"等。可对这些翻译标准进行修辞解析,探讨其在译文中的具体表现。翻译伦理常被等同于翻译规范,如何从修辞运用上对两者进行辨析呢? 以道德哲学、德性伦理学为基础的翻译伦理在译文中又有哪些修辞表现呢? 中国历来重视"修辞立其诚""言必信"的传统,在翻译研究中,对"诚"与"信"又该如何进行现代转化,从而使之更加有效地约束译者行为或解释翻译现象呢? 主体之"诚"是否体现在文本(文化)之"信"上? 诚信翻译(批评)的修辞表现又是什么,诚信作为标准有无一定的内在张力与弹性空间? 还有忠实,何为忠实?忠实于谁? 如何忠实? 忠实有无层次? 言语的忠实、艺术的忠实与思想的忠实之间是什么样的关系? 如何把"忠实"落实在译者的修辞上? 因此,忠实是需要继续深入思考(反思)的译学术语。

在修辞学中有修辞伦理一说,也可研究修辞伦理与翻译伦理的区别与联系,如"诚"与"信"在修辞与翻译中的对比分析。许多翻译比喻也折射出很强的伦理意味,如君臣关系、主仆关系、父子关系、男女关系、兄弟关系,体现在作者与译者、原文与译文的关系上。女性主义翻译理论一定程度上颠覆了这种不平等的翻译伦理关系,其使用的颠覆手段是什么,有何修辞表现?吕俊、侯向群基于J.Habermas的交往伦理学提出的翻译伦理学是"一种以承认文化差异性并尊重异文化为基础,以平等对话为交往原则,以建立良性的文化间互动关系为目的的构想",其中的"普遍语用学的有效性要求"(包括语言的可领会性、陈述的真实性、交际的得体性与言说的真诚性)也可认为是翻译中的修辞伦理。伦理强调的是人际关系的和谐,针对译者而言,就是要通过翻译,通过修辞,尽力实现各方关系的和谐,营造良好的翻译生态环境。

八、交际维度

修辞是一种交际行为,翻译也是一种交际行为,不过翻译涉及的交际主体与交际元素更为复杂。可基于社会网络理论构建翻译拓展交际模式,以译者为中心,以译文为纽带,描述翻译活动中相关主体之间的关系强度以及有无结构洞的存在。相对而言,译者与作者、译文读者往往是一种"强关系"。但在具体个案中译者与其他交际主体(如赞助人、出版社编辑)的关系强度也许会更高,与作者与译文读者的关系强度也有区分。这就要求对之进行动态描述,具体问题具体分析,强调关系而非实体的重要性。西方修辞学历来重视听者,注重读者分析,强调设身处地地为听读者着想。这就启发译者要有强烈的读者意识,从各个方面提高译文的可读性,尽量使读者认同译文,从而实现有效的跨文化交流与沟通。中国文学作品的对外传播亦不例外,如葛浩文对中文小说英译的大量删改(有些是应出版社的要求)便是他高度重视读者意识的一种反映;有时还要善于根据不同的读者群(精英读者、一般读者、儿童读者),采取不同的翻译策略(归化与异化)与翻译形式(全译与变译)。德国功能主义以及国内黄忠廉的变译理论也是注重读者意识与交际目的的典型译论。修辞能力似乎更加注重语言的处理,交际能力更加注重人际关系的处理。翻译能力、交际能力与修辞能力三者之间的概念辨析与隶属关系也是值得探讨的一个话题。如果说理解也是翻译的话,那么翻译能力就涵盖了修辞能力与交际能力。虽然译者在具体翻译活动中处于核心地位(尤其是文本操作层面),但要以一种平等对话的态度对待其他翻译活动中的交际主体,如原作者、出版者、译文读者、译文批评者等,真正实现翻译的跨文化交际功能。

第三章　翻译的修辞学研究

第一节　翻译学与修辞学的共性和特性

一、翻译学与修辞学的主要共性

(一)翻译和修辞都是言语交际行为

无论在中国还是在西方,翻译和修辞都是人类极其古老的活动。中西方有文字记载的翻译史和修辞史都已历时 2500 多年。人类的修辞和翻译活动是文化发展的体现,是文明进步的动力。修辞既是语言文字的实践艺术也是人类的一种普遍的交往模式;翻译活动传播思想、更新价值观念、促进跨文化交往,两者对世界文明的发展都发挥了非常重要的作用。

什么是翻译的本质? 奈达认为,翻译不仅是一种艺术、一种技巧,还是一门科学。随着现代科学的发展和翻译研究的深入,这种观点已经过时。吕俊和侯向群指出,翻译是一种跨文化的言语交际行为,其本质就是交往传播。

修辞开始于我国的先秦时代和西方的古希腊。亚里士多德的《修辞学》被认为是西方修辞学的奠基之作。亚里士多德把修辞当作技巧和工具,把修辞学当作"修辞术"来研究,认为修辞学是一种劝说方式的艺术。20世纪50年代以来,西方兴起了新修辞学运动,重新认识了修辞的本质:修辞是人类的一种有意识、有目的的言语交际行为,是人们依据具体的语境,建构和理解话语以及其他文本,以取得理想的交际效果的一种社会行为[①]。修辞现象无所不在:修辞不仅蕴藏在人类的一切交往活动中,而且组织和规范了人类的思想和行为的各个方面。肯尼思·伯克认为,语言本质上是修辞性的、劝说性的。一切话语(包括科学术语)都带有"说服动机"亦即都具有修辞性。语言不仅导致行动,而且建构了现实。修辞是人类固有的行为,"人类本身不可避免的是修辞动物。"总之,修辞已远远不是修辞技巧所能概括的了,它已涉及所有的人类言语交际行为。

(二)人们对翻译学和修辞学的学科属性的认识都有一个曲折的过程

无论是我国还是西方,都有源远流长的翻译理论研究。西方的译论源自古罗马的西塞罗,我国最早的译论出自三国时期的佛经翻译研究。翻译一直被看作是一门"艺术""技巧",属于文艺学的分支,翻译理论也没有形成系统。直到20世纪50年代,西方译学深受现代语言学影响,从语文学范式转型为结构主义语言学范式。西方译学界的学者才明确提出:翻译学是一门独立的学科,其理论基础是语言学,因此翻译学是语言学之下的一个分支学科。而在20世纪80年代,我国译界大量引进和介绍西方翻译理论的研究成果,我国翻译研究也步

---

① 李然. 翻译认知修辞学视角下口译修辞主体的认知心理模型[J]. 牡丹江教育学院学报,2017(11):21-25.

入了结构主义语言学阶段。虽然译学界有学者萌发了构建"翻译学"的设想,但是反对的声音也很响。直到20世纪90年代初,我国译论界仍在争论的一个焦点问题是翻译学是否是一个独立的学科?翻译究竟是科学,还是艺术?比如,南木在为谭载喜的《西方翻译简史》写序时,认为:"翻译这门事业是否已成为一门独立的科学,看来还有进一步探讨和商榷之余地。翻译——既非自然科学,也非社会科学,而是人类用以交流思想、传递信息的工具。把一些学科中研究翻译的各个边缘交叉部分统统都加起来,也并不足以成为认定这门学问本身就是一门独立科学的充足理由。"

20世纪六七十年代,解构主义哲学思潮给西方翻译研究带来了一场深刻的思想冲击,西方译学发生了"范式革命",翻译研究从结构主义语言学范式转变为解构主义多元化范式。解构主义思潮打破了结构主义研究范式的局限性,使翻译研究突破单一、封闭的语言内部研究,走向一种多元、开放式的外部研究,极大地拓展了翻译研究的视野和研究领域。翻译研究出现了流派纷呈的多元局面,有文化建构派、诠释学派、目的论派、符号学派、后殖民主义、女性主义等。1993年,苏珊·巴斯奈特和安德列·勒菲弗尔在为《翻译研究丛书》写的总序中第一句就宣称:"The growth of Translation Studies as a separate discipline is a success story of the 1980s."意思是:翻译研究已于20世纪80年代成功发展为一门独立学科。然而,因为解构主义译学范式研究完全脱离了文本和语言,翻译研究转为"唯文化"和"泛文化"。翻译研究的泛文化使翻译仅作为政治批评与文化批评的佐证而存在,使翻译研究消失在历史学、文化学、政治学、人类学研究之中并成为它们的附庸,从而丧失了独立学科的地位。有人认为建立构建翻译学只是一场迷梦;有人认为:"翻译研究说到底是文化研究。"

其实,随着现代科学的发展和翻译研究的深入,人们认识到:以上对翻译研究的定性是不科学的。实际上,翻译学不仅是一门独立学科,更是一门综合学科。什么是综合学科?吕俊、侯向群教授在专著《翻译学:一个建构主义的视角》中指出:"综合学科是以特定问题或目标为研究对象的,但因对象的复杂性,任何单一学科都不能独立承担,必须综合运用多学科的学科理论、原则和方法来完成,这样的学科就称为综合学科。翻译学涉及的学科很多,如语言学、文艺学、哲学、文化学、思维学、心理学、人类学、符号学等,但它有一个特定的研究对象,即跨文化、跨语际的信息传播与交流的规律性与原理。这一对象是十分复杂的,历史已经证明以往的以某一学科单向度的研究都是难以完成的,要研究这一客体对象,我们必须综合各相关学科的知识来进行。"综上所述,翻译学是一门研究跨文化、跨语际的信息传播与交流的规律性与原理的科学。它涉及语言学、文艺学、哲学、美学、文化学、政治学、思维学、心理学、人类学、符号学等学科领域,是一门兼具人文科学属性和社会科学属性的综合性学科。

纵观西方修辞学史,我们发现,人们对修辞学学科属性的认识也有一个曲折的过程。西方修辞学的起源是古代希腊的政治生活。因此,自古以来,西方修辞学就扮演着双重的角色,"一方面被看作是辩证法的一个分支;另一方面又与政治学是姐妹学科。……但在西方修辞学史上,人们对它的看法又常在这两者之间摇摆不定：如果它从属于辩证法，那么它就是一种理论性的方法论研究；如果它从属于政治学，那么它就是社会实践的手段，演说论辩的技巧和指南。"亚里士多德认为修辞学是说服的艺术、技巧，是一种理论性的方法论研究。他在《修辞学》一书里写道："修辞术是论辩术的对应物，因为二者都论证那种在一定程度上是人人都能认识的事理，而且都不属于任何一种科学。人人都使用这两种艺术，因为人人都企图批评一个论点或者支持一个论点，为自己辩护或者控告别人。"

与他的观点不同，古希腊最有影响力的修辞学家和修辞教育家伊索克拉底说："言说是我们一切行为和思想的指南。"他认为，修辞学是政治学的姐妹学科，面向社会实践。他的观点得到了古罗马哲学家、政治家、修辞学家西塞罗和修辞教育家昆提利安的全面继承。西塞罗提倡经世济用的"大修辞观"：修辞是治国安邦的重要工具，修辞使人类社群得以形成、文明得以发展。在西塞罗看来，各个学科或"艺术"的专门知识的表达完全依赖言说艺术，修辞覆盖了整个人类活动领域。因此，"他认为理想的修辞应该是雄辩和智慧的统一……而融雄辩和智慧于一体的修辞应该是至高无上的美德，是包括'哲学'在内的一切智力追求、一切学科艺术的最终归宿。"在古典修辞学全盛时代和文艺复兴时期，西塞罗的大修辞观占据主流；在基督教占统治地位的中世纪，圣奥古斯丁和波伊提乌把修辞学改造成辩证法的一个分支、一门工具学科，用以解读和传播《圣经》和为经院派学者提供争论神学、法学和哲学问题的基本方法。从17世纪开始到20世纪初叶，欧洲经历了三百多年的"理性与科学"时代,现代主义思潮在西方占据了统治地位。在认识论哲学的打压下,文艺复兴时期的大修辞学主动化整为零、分散发展,独立出许多人文领域的现代学科,如语言学、心理学、文学批评、现代论辩学等。修辞学范围大大缩小了,写作修辞成了修辞学科的唯一领地,修辞学只是一门实践性学科。

同样,在我国悠久的汉语修辞学历史中,汉语修辞学也不是独立学科。在中国,先秦修辞学与哲学、政治学紧密相连,萌芽于先秦诸子对德政教化、治国安邦和安身立命的论述。汉武帝看到必须重视德治教化才能维护封建统治,于是"罢黜百家、独尊儒术"。因此,汉代修辞学本质上是"经学附庸",主要是在解读儒家经典中发展修辞学理论的。两汉以后,中国修辞学相当于广义的文学,包括诗歌、赋、颂词、挽歌、曲调、墓志铭、信件、劝告、建议、报告、法令、历史、哲学文章、评论等所有文章做法。可以说,中国修辞学基本上是"文论附庸",为文学、文章服务。因此,汉语古代修辞学被认为是一种艺术、"美化文辞的一种技术"。骆小所也说:"修辞学不属于科学部门而属于艺术部门。"从20世纪初至今,汉语修辞学经历了一个大的历史变革,一方面继承我国古代传统;另一方面吸收西方语言学理论,构建起了现代汉语修辞学体系,而现代修辞学一直被认为是语言学中的一门分支学科。

那么,修辞学的学科属性究竟是怎样的呢?20世纪四五十年代以来,西方修辞学复兴,兴起了新修辞学。人们对于修辞学的认识得到了更新:把修辞混同于修辞学,称之为艺术,是不准确的。确切地说,修辞一定程度上具有艺术性,但修辞学并非艺术,属于科学范畴。修辞已远远不是美辞所能概括得了的,它已涉及所有的人类言语交际行为。在学科归属问题上,修辞学也难以划归或者局限于哲学、语言学或者政治学范畴。综上所述,修辞学不是一门艺术,而是一门研究言语交际行为及其规律的科学。它既涵盖了语言学的研究内容,也兼涉文学、传播学、哲学、美学等学科领域,是一门兼具人文科学属性和社会科学属性的综合性学科。因此,修辞学又成为人文学科中最有影响的"新学"之一。西方当代修辞学从狭义的对劝说、演讲与写作技巧的研究转向广义的对一切话语的研究。中国当代修辞学也于20世纪90年代从狭义修辞学转向广义修辞学。

(三)翻译学和修辞学都与传播学及言语交际学有一定的学理渊源关系

翻译是一种跨文化的言语交际行为,其本质就是交往传播(communication)。修辞是人类的一种有意识、有目的的言语交际行为,是人们依据具体的语境,建构和理解话语以及其他文本,以取得理想的交际效果的一种社会行为。翻译学与修辞学都是研究言语交际行为的综合性学科。因此,翻译学、修辞学必然与研究言语交际现象及其规律的交际研究有密切关系。而交际研究主要是指传播学以及言语交际学。温科学指出:"所谓'传播学',其实是来自英语communication studies,应当说与这里所说的言语交际学(speech xommunication)是一回事。"

英语"communication"一词,源自拉丁语"commuinicatio",既指传播,又指交际。因为言语交际学是语言学和传播学相交叉的学科,我们认为,如果言语交际学不仅包括各种言语形式,还包括各种非言语形式,如图像、广播、电视、电影、建筑、服饰等;那么,传播学与言语交际学是有很多重合之处的;另外,传播学包括传播本体理论、传播实务、传播事业三个方面;言语交际学主要研究言语交际本体理论、言语交际实践理论、电子媒介研究等。由此可见,传播本体理论,也就是交际本体理论,是它们共享的理论基础。第三,传播学和言语交际学都是交际研究的一个分支。"当前,交际研究成为一个包罗万象的大范畴,跨越了许多领域,拥有许多分支,但又没有固定的定义。交际可以作为社会科学,也可以作为人文学科来研究,可作为艺术也可以作为专业来研究。作为一门多学科的领域,交际扩展到诸如社会学、心理学、语言学等学科以及新的学科如文化研究和信息科学,与新闻、广告、公共关系、广播、电信传输等专业和技术领域密切相关。每一学科都贡献了自己的知识结构,交际研究成为一个综合的知识体系。……交际的整个领域,包括交际模式、交际理论、原理、功能、媒介、情境、文化、话语和实践,是一个范围广阔的话题,成为一个为各种不同目的服务的系统化工程和综合体。"因此,我们提取言语交际学和传播学共同之处——交际理论,下面将探索交际理论与翻译学、修辞学的学理渊源。

应该说,修辞学理论是交际理论的一个传统来源,而交际理论又可以为翻译研究提供理论资源和指导意义。

交际理论第一个理论来源是修辞学。可以追溯到古希腊时期,亚里士多德的《修辞学》,不仅建立了以说服为主的修辞学理论体系,还开了交际研究中受众分析理论的先河。苏格兰神学家和修辞学家坎贝尔于 1776 年完成的《修辞原理》是 18 世纪最重要的修辞学理论著作,在西方修辞学发展史上起了承前启后的作用。他保存和弘扬古典修辞理论,吸收了拉米和维科等的思想,并在现代主义文化语境内,运用"交流""目的""效果""证据""权威"等新的术语系统和表述方式对修辞进行适度改写,这部杰作标志着近代修辞思想体系的基本形成。坎贝尔指出,修辞是言说和交流的艺术。任何现代主义理论要想得到公众的理解和认可,不依赖修辞原则和方法是绝对行不通的。任何言说都服务于一定目的,目的就是在听者心中产生效果。在这里,坎贝尔采用了功能主义的新视角研究修辞。《修辞原理》在 18—19 世纪影响很大,用作欧美各大学的修辞学标准教科书,曾再版 20 多次。苏格兰修辞学家休·布莱尔于 1783 年出版的《修辞与美文四十七讲》在近代西方修辞史上也很有影响力。布莱尔深刻洞察了"人类理性"与"交流"的关系。他认为,没有思想之间的有效交流,"理性就将只是一个孤独而且在一定程度上不起作用的天性。'人类理性'指的并非是个人的某种努力或能力,而是众人通过话语和写作互相启发而产生的那种理性。"

言语交流是人类理性的提升、社会进步的关键手段,因此"写作和话语是值得我们予以最大关注的研究目标"。我们知道,自古以来,修辞学在欧美的教育和公共交往方面一直发挥着重要作用。修辞学的影响既体现在口头演讲上,又体现在书面语写作上。因为修辞学传统的作用,18 世纪出现了风靡一时的演说术运动,19 世纪美国大学里英语系分为写作修辞学和日头英语两大分支。1914 年,在部分英语口语教师的提议下,口头英语脱离英语系,发展为独立的公共演说系;后来,公共演说系又变为言语交际系。20世纪中期修辞复兴运动之后,修辞学理论在深度、广度上大大拓展,探讨的不仅仅是演说、说服理论和写作技巧,还有修辞哲学、认知修辞学、社会心理修辞学以及提高人类交际效果的规律。而交际理论也吸收了修辞学的新学说、新思想、新成果。因此,修辞学为交际研究的理论建构奠定了基础。

除了修辞学是交际理论的重要理论来源,交际研究和修辞学的密切关系还表现在:一方面,二者的研究对象都是人类言语交际行为及其规律。修辞学是揭示人类言语交际规律、提高言语交际效果的重要理论体系。而交际研究及其应用领域,包括新闻、广告、编辑出版、网络传播、播音与主持等,本质上都是人类交际的具体领域。虽然修辞学和交际研究采用的交际媒介、研究方式不尽相同,但其交际属性是共通的,二者都离不开人类最重要的交际工具和传播媒介——语言,也都不同程度地涉及言语交际行为及其规律。即使是多媒体传播,也需要考虑语言、图像的修辞问题。另一方面,修辞学在交际实践中发挥重大作用。陈汝东引用美国《芝加哥论坛报》前总编、社长兼首席执行官、普利策奖得主的杰克·富勒的话:"没有哪个职业比新闻界更讲究修辞了。……如果他是一名记者并认为劝服的艺术与他不相干,因为他与事实打交道的话,那么他就错了。他所从事的是改变人的心灵的工作,使人从无知的状态转入知的状态。这意味着他必须掌握向人们传递信息的艺术,而这就是修辞学。"无论是人际交往、群体交往以及跨文化交往还是新闻传播,都离不开修辞。至于商业传播和商业广告,离开了修辞,更是难以想象。

　　除了修辞学,交际理论的理论来源还有现代哲学、语言学、哲学与语言学交叉形成的符号学、控制论、信息论、社会学、心理学、政治学、人类学、文化研究等。20 世纪下半叶,交际研究经过兼收并蓄,已经发展壮大。《20 世纪言语交际》一书认为,推动言语交际学科发展的原因在于它研究课题的多样性以及它四面开花的无序状态(这是开辟任何事物的必要的一步)。

　　交际研究在 20 世纪快速发展成为一个跨学科的综合学科,除了吸收多学科的理论外,还应归功于 20 世纪弥漫全球的宏观交际实践(修辞实践)和突飞猛进的现代传媒技术。20 世纪全球充满尖锐冲突,所有强势的利益集团和社会组织都利用各种舆论工具和宣传手段,来捍卫自身的合法性,争夺话语权,打击、批判对手,并说服和影响国内和国际公众。同时,飞速发展的大众传播技术使语言的影响范围遍及全球。不仅印刷术持续发展,而且无线电广播、电话、电影、电视、国际互联网等相继发明和发展,这一切极大地拓展了语言的表达、传播方式。伴随着 20 世纪 50 年代西方修辞复兴运动,交际研究的腾飞是交际实践和现代科技蓬勃发展的结果;交际研究的腾飞也被认为是修辞学复兴的一个方面。

　　虽然交际研究在很多方面涉及修辞学,但两者的学科属性不同。两者在 20 世纪中期的飞速发展,都源自全球化政治经济的发展、科技理性的霸权地位的崩溃、社会科学和人文科学的兴起。如果说修辞学是兼具人文科学属性和社会科学属性的综合性学科,那么交际研究,因为离不开交际技术,则是跨越了人文科学、社会科学和自然科学的综合性学科。交际理论这个术语是在 20 世纪 40 年代第一次出现，与控制论和信息论的诞生密切相关。1948 年维纳的《控制论》和 1949 年申农的信息论开山之作《通信的数学原理》两书中的理论观点促进了交际科学的成熟。从此，交际研究和应用蓬勃发展起来。因此，交际研究的研究方法以心理过程为中心，以科学为导向；修辞学的研究方法以话语为中心，以阐释和批评为方法。在研究范围上，交际研究比修辞学要更加广泛。修辞学主要研究修辞本体理论和修辞实践理论；交际研究的研究对象包括交际本体理论、交际应用领域、传播事业三个方面。

以上我们探究了修辞学与交际研究的密切关系，下面我们将探究交际理论与翻译学的关系。

翻译是一种跨文化的信息交流与交往的活动，其本质就是交往传播（communication）。因此，翻译活动是一个信息传递的动态系统。但是，以往的翻译研究不能反映翻译活动的本质，从而严重脱离翻译实践。语文学范式的翻译研究认为翻译是艺术，译文的好坏取决于译者的天赋和才华，排斥客观因素，否认理论的作用。而结构主义语言学范式的翻译研究以文本结构为中心，强调语言的共性，否认译者的主体作用，排斥一切影响翻译的外部因素。翻译理论家们给翻译所下的定义中，也反映了一个静态的两极封闭结构。卡特福德说："翻译是一项对语言进行操作的工作，即用一种语言文本（text）来替代另一种语言文本的过程。"巴尔胡达罗夫说："翻译是把一种语言的言语产物在保持内容，也就是在意义不变的情况下，改变为另一种语言的言语产物的过程。"尤金·奈达说："翻译是在接受语中寻找和原文信息尽可能接近、自然的对等话语，首先是意义上的对等，其次才是风格上的对等。"而解构主义的翻译研究范式虽然打破了结构主义语言学封闭的结构，走向了主体间的对话，但否定语言的规律性和文本意义的确定性，强调语言符号的流动性和意义的无限衍生性；翻译活动被看作一种意义任意生成的游戏，译者不受任何约束，不再存在任何参照体系，翻译即改写，翻译成了"怎么都行"，从而使翻译活动失去了应有的制约。

在深刻反思了以往翻译研究范式的缺陷后，吕俊在专著《跨越文化障碍——巴比塔的重建》中，选择传播学的结构框架作为翻译学的机体结构模式。传播学是一门对人类交往中的信息加工、传播、接受、反馈的内在机制和复杂过程进行综合性与深层次研究的新兴学科，是交际研究的一个分支。传播学的结构框架是信息论的信息传递模式——7W模式，即：谁传播，传播什么，通过什么渠道传播，向谁传播，传播的目的是什么，传播在什么场合下进行，传播的效果如何。吕俊认为，以上七个要素构成传播过程的整体，也构成翻译过程的整体。只有把翻译活动放到信息传播的全过程中去考察，才能对翻译本体、主体、客体、载体、受体等各方面进行系统的、综合性的研究。这种结构模式具有一种构造功能，可以清楚地展示各要素之间的相互联系，体现动态平衡的整体性。"但我们也不能忽视翻译活动所具有的一些特殊矛盾，这不仅体现在其跨文化与跨语际的问题，它对原有的传播模式有所改变，如原来'谁传播'的问题，只有一个主体，而在翻译中就变成了两个主体：原文作者与译者。这看似简单，实际上是增加了许多研究内容,而这些内容也正是在翻译学中重点研究的。"

在另一本专著里,吕俊还通过详细的论述指出:如果选择传播学的结构框架作为翻译学的机体结构模式,翻译研究就会呈现出以前没有的特点:整体性、动态性、开放性、综合性、实用性。其次,吕俊还认为,传播学以认知心理学理论为指导,对人脑在信息加工中的复杂过程有深入的研究,这种研究对翻译学的认知心理研究很有启示。此外,传播学的横向方法——信息论、控制论、系统论,也有助于翻译学方法论体系的形成。除了信息论的信息传递模式和系统论的整体性考察,"同样控制论中的反馈机制对翻译学也有很具体的指导意义,翻译过程就是译者不断运用反馈进行译文的调整与总体控制的"。总之,传播学的丰富理论成果是翻译学的雄厚理论资源,对翻译学有十分直接的指导意义。

二、翻译学与修辞学的主要特性

虽然翻译学和修辞学有上述共同之处,但是二者又有各自的特殊之处。

(一)修辞学的研究范围比翻译学的研究范围广泛得多

西方修辞学复兴运动之后,当代修辞学从狭义的对演讲与写作技巧的研究转向广义的对一切话语的研究。任何形式的人际交往、群体交往以及跨文化交往,包括诗歌、小说、电影、电视、戏剧、政治等,统统属于修辞学研究的范围。西方修辞学已成为一门跨学科、多元化的综合性学科,进入了历史上最繁荣时期。而翻译学是一门研究跨文化、跨语际的言语交际行为和规律的科学,它涉及语言学、文艺学、哲学、美学、文化学、政治学、思维学、心理学、人类学、符号学等学科领域,是一门兼具人文科学属性和社会科学属性的综合性学科。

(二)修辞学和翻译学的研究对象和研究重点不同

修辞学研究的对象是修辞主体和目的、修辞话语、修辞过程、各种具体修辞手法以及修辞效果。修辞学的研究重点是总结一系列能增强语言表达效果的规律和技巧;在研究理解时,不仅注重语言的字面意义,还注重语言的言外之义;侧重于在交际活动中如何建构话语、如何提高语言表达效果、如何让受众认同,从而达到超语言的目的。"严格地说,修辞行为比起一般的言语行为来,其言语目的更为明确,对修辞手段的使用更加有意识,话语的感情色彩更加明确,并追求理想的交际效果。"翻译学研究的对象是跨文化的言语交际行为和规律。不论是实用性翻译,还是文艺性翻译,都无法回避修辞问题。翻译过程包括两次修辞活动:译者首先作为修辞接受者,从修辞技巧、修辞诗学、修辞哲学三个层面读解原文文本,把握原文的内容和形式;然后又作为修辞表达者,在整体认知的基础上,选择适当的译语修辞表达技巧和翻译策略来构建译文,目的是再现原文的形式和内容,期待译文接受者的接受。因此,翻译学的研究重点是,怎样才能准确理解处在一种文化环境中的原文主旨和言语风格,然后在另一种文化环境中,用另一种语言把这种主旨和言语风格生动地传达给译文的接受者。

综上所述,翻译学与修辞学在学科属性上有许多共性,都是研究言语交际行为的综合性学科,目的都是服务于社会实践、促进人类互相交往和沟通。

第二节　翻译学与修辞学的共同关注点

　　翻译是一种跨文化的言语交际行为,其本质就是交往传播。修辞是人类的一种有意识、有目的的言语交际行为,是人们依据具体的语境,建构和理解话语以及其他文本,以取得理想的交际效果的一种社会行为。因为对一切言语行为的理解和建构,都必须结合一定的言语交际的环境——语境,所以说,任何翻译、修辞活动都是在一定的语境中进行的,语境与翻译、修辞有着密切的关系。

一、语境的构成及其研究

　　什么是语境？语境就是使用语言的具体言语环境。语境可分为语言内语境(或称内部语境/小语境/狭义语境/上下文语境)和语言外语境(或称外部语境/大语境/广义语境/非语言语境)。语言内语境是指书面语的上下文或口语的前后语所形成的言语环境;语言外语境是指话语以外的,对建构、理解话语起制约作用的因素。语言外语境又可分为两个方面:一是主观语境因素,如修辞动机、角色关系、个性心理、道德修养、文化素质等;二是客观语境因素,即社会文化环境,包括社会文化背景、政治因素、民族心理、种族心理等。一般来讲,语言内语境和语言外语境有相对的独立性;但是,由于语言外语境蕴含着时代的、社会的、民族的等种种因素,所以,语言外语境往往制约着语言内语境。

　　在西方修辞学史上,修辞理论家一直没有重视修辞情境

（即语境）的研究。直到20世纪中叶,修辞情境才成为修辞学研究的重要课题。"语境"(context)一词,一般认为是人类学家马林诺夫斯基最早提出的。20世纪50年代,美国修辞学泰斗伯克创立了戏剧主义修辞批评,用于分析人类象征行为和动机。他把修辞情境分成行为、场景、人物、手段和目的等五个部分。他认为,人一旦运用语言,就不可避免地进入修辞环境。他把修辞情境扩大到人类共有的大环境,大大扩展了修辞情境的研究领域。伯克的修辞学思想与他对人类行为的哲学思考联系在一起,极大地推动了新修辞学的发展。

在我国汉语修辞学史上,春秋时期就有对修辞与语境的关系问题的论述,即在不同场合有不同的表达主题、用不同的方式和态度。如:孔子于乡党,恂恂如也,似不能言。其在宗庙朝廷,便便言,唯谨尔。又如:国家昏乱,则语之尚贤、尚同;国家贫,则语之节用、节葬;……国家务夺侵凌,则语之兼爱、非攻。

现代汉语修辞语的创始人陈望道在专著《修辞学发凡》里,在吸取中国古代精华的基础上,提出"修辞以适应题旨清境为第一义",高度重视修辞和情境的关系,使这一理论成为修辞的总原则,是对现代汉语修辞学的一大贡献。后来的修辞学家张弓和王德春都对语境有更深入的研究。到20世纪80年代,人们逐渐认识到:语境是修辞学的基础。20世纪90年代,语境成为修辞研究的主要部分,学者们提出并建立了语境学。

在翻译研究中,语文学范式、结构主义语言学范式、解构主义范式的译学研究是不考虑语境因素的。为了建构翻译学和丰富翻译理论,吕俊、侯向群提出了一些真知灼见。一方面,吕俊建议采用传播学的结构框架作为翻译学的机体结构模式。在这种机体结构模式中,语境就是7W模式中的重要的一维——"传播在什么场合下进行"。另一方面,吕俊、侯向群还提出把言语行为理论和哈贝马斯的普遍语用学作为翻译研究的语言学基础。利奇把语用学定义为"话语如何在情境中取得意义的研究"(the study of how utterances have meanings in situations)。可见,语境是语用研究的基础。因为译者面对的是言语行为,所以必须寻找话语在语用层面上的语境意义,而不是语义层面上的句子意义。比如,"It's getting hot here."如果离开具体语境,很难确定其真实意义。如果指夏天来临可译为"气温正在升高";如果是在会议上,则可能指会场气氛变得火药味十足,可译为"争论趋于激烈";如果是新闻报道某个地区的局势,则可译为"局势趋于紧张"。由此可见,语境对翻译中的原语理解和译语建构起着重要的制约作用。

孔子说:"书不尽言,言不尽意。"因而,理解和构建言语,只有求助于语境。任何修辞、翻译活动都是在一定的语境中进行的,任何修辞手段都是要在一定的语境中才能显示其修辞效果的。在修辞活动中,表达者无视语境,就会说出不恰当、不得体的话语;接受者不看语境,就无法理解或误解对方的话语。翻译活动是一个更为复杂的动态过程:涉及不同的文化语境和不同的语言语境,包括两次修辞表达(原作者、译者)和两次修辞接受(译者、译文读者)。所以说,语境是修辞和翻译的基础,语境制约着修辞和翻译。

二、语境决定修辞同义手段的选择

汉语词汇丰富,很多词都有近义词。但是,在不同的语境里,近义词的表达效果是有细微差别的。陈望道曾提出:"修辞以适应题旨情境为第一义。""题旨和情境"都是语境的构成要素。题旨是文本的主题或本旨,体现了目的,属于语言外语境。因此,对语言的同义手段的选择,既要重视上下文,又要重视大语境。如果修辞表达者选择了与语境高度匹配的恰当的词语,一个普通的词语就能使全句生辉。"普通平易本色的词语,组织在有生动形象表现力的上下文中,获得了审美倾向。"不适合语境的言词,即使再华丽,也不会产生积极的修辞效果,反而会成为病句。

中国古人非常关注字词的修炼。著名的例子有唐朝诗人贾岛的"推敲"轶事。一天,他写了一首诗,其中有两句是"鸟宿池边树,僧推月下门"。他骑在毛驴上,一直在思考到底用"推"字好,还是用"敲"字好。没想到毛驴闯进了大官韩愈的仪仗队中,贾岛被抓来见韩愈。韩愈也是诗人,并没有怪他,知道原委后,还帮他想了一会儿,建议用"敲"好。这个故事成了古人修词炼字的千古佳话。后来的人们一直在讨论到底哪个字好。有人说,"敲"字好,声音清脆,使宁静的夜晚更为幽静。有人说,"推"字好,僧敲门后,里面有人呼应,开门声、脚步声非常杂乱,有碍诗的宁静气氛。骆小所认为:"这主要是由语境的差异性决定的。用'敲'的前提是庙里有人,用'推'是僧一人独居庙里。这也说明同义手段的选用,要依据情境,突出'这一个',即此情、此境、此时、此事、此人等。"他的观点是很有见地的。

另一个脍炙人口的例子是王安石的《泊船瓜洲》的一句"春风又绿江南岸"。诗人先用"到、来、过、满"等字,它们都符合语法,在语义上也是恰当的,但诗人仍不满意。经过反复比较,他最终选定"绿"字。"绿"这一个普通的色彩词,因为与"春风""江南岸"的语境高度适切,顿时使读者面前展现出一片美景——春风一吹、江南一夜之间呈现满目青翠的欣欣向荣之景。"春风又绿江南岸,明月何时照我还",把敌乡的美景与诗人的思乡之情完美地融合在一起,也成为千古流传的佳句。

鲁迅先生的《孔乙己》以深刻的思想性和卓越的艺术性,成为中国现代短篇小说的典范之作。下面举个例子,说明鲁迅先生如何根据语境精心选词的。

例1:(孔乙己第一次出场时):(孔乙己)对柜里说,"温两碗酒,要一碟茴香豆。"便排出九文大钱。

(孔乙己被打残后):他从破衣袋里摸出四文大钱,放在我手里,见他满手是泥,原来他便用这手走来的。

孔乙己第一次出场时,鲁迅先生用"排"字,把孔乙己认为自己是穿长衫的读书人,因而比穿短衣的做工者有脸面的优越感再现出来,既精炼,又传神。在孔乙己被打残后,用"摸"字刻画出一个穷困潦倒、无比凄惨的艺术形象。因为选词与语境高度适切,产生了永恒的艺术效果。

与上面三个经典例子相反,如果不顾语境的需要,选用一些华丽的词语,不但不能产生修辞效果,反而会变成病句。见下例。

例2:我们一家很快到了动物园,不料动物园里人头攒动,……困兽犹斗中,我们挤到猴子栅栏前,拍了张强颜欢笑的全家福。

表面上看,此句用了"人头攒动""困兽犹斗""强颜欢笑"等成语,但后两个词是贬义词,不符合在动物园游玩的语境,不仅不能使句子生动,反而使句子不合逻辑。

在翻译时,语境也同样决定着词语的选择,见下例。

例3:原句:We do not sell cheap quality goods.

译文:我们不销售低质价廉物品。

例4:原句:你们会看见我们这批货物的价格是很便宜的。

译文:You will find our price for the goods very cheap.

例3的译文是准确的,但例4的译文不正确。因为"cheap"是一个贬义词,而例4原句里的"便宜"在语境中是一个褒义词。所以应译为:

You will find our price for the goods very competitive.

三、语境决定修辞技巧的运用

修辞技巧(或称修辞手段、辞格)是中外传统修辞学研究的核心。大量辞格,如对偶、倒装、层递、反复、顶真、回文、仿拟、仿辞、借代、借喻、拈连、移就等都是以上下文语境为存在的前提。另外一些辞格,如比喻、夸张、婉转、双关、反语等也对语境有很大的依赖性。可以说,修辞技巧只有与大语境和小语境适切,才能真正发挥修辞效果。下面,着重论述"双关"这种修辞技巧。

汉语的"双关"和英语的"pun",都是"有意识地使用一个词,在同一个上下文中,兼有两层意思"。作者借助一词表达两层意思,造成诙谐、幽默的修辞效果。英汉语的双关都分两种:一种是谐音双关,一种是语义双关。前者是用同音异义字构成双关;后者是利用词语的多义性,构成表里两层意思。只有通过语境,读者才能透过表层意思去理解深层意思。

例5:杨柳青青江水平,闻郎江上唱歌声。东边日出西边雨,道是无晴却有晴。

读者通过"闻郎江上唱歌声"这句上下文语境获知,诗人巧妙利用"晴"和"情"的谐音双关,表面说晴雨的"晴",实际指感情的"情"。这首诗因富有含蓄美、符合中国人的民族心理,而广为流传。

例6:More sun and air your son and heir.

这句话是海滨浴场的一句宣传广告,巧用同音异义词sun和son、air和heir的谐音双关,打动了父母的爱子之心,人们都带着家人来到海滨浴场度假。

英汉语中有很多词具有多义性,修辞表达者希望构建语义双关,以达到"言在此而意在彼"的修辞效果。因此,修辞接受者、译者必须根据语境来确定确切的含义、合适的译法。例如:

例7:心好一切都好。

这里"心"有两层意义,"心"既指心脏,又指"心肠"。心脏健康的人身体就健康,心肠好的人有好报。因为语境是药品的广告,所以重点在"心脏"。

例8:We eat what we can and what we can't we can.

例9:Why is an empty purse always the same? Because there is never any change in it.

例10:Why are lawyers all uneasy sleepers? Because they lie first on one side, and then on the other, and remain awake all the time.

在翻译时,我们发现"can""change"和"lie"都有两个意思,"can"表示"能够、制罐头";"change"有"改变、零钱"的意思;

"lie"表示"躺、撒谎",根据语言内语境,可以如下这样翻译。

例8:我们能吃的就吃,不能吃的就做成罐头。

例9:为什么钱包老是瘪的?因为它里面从来就没有零钱。

例10:为什么律师都很难入睡?因为他们首先在这一边撒谎,然后又在另一边也撒谎,并且为免出错,还要一直保持高度的清醒。

四、语境适切度是修辞评价的标准

修辞和翻译都讲究"得体性",而"得体性指的是语言材料对语言环境的适应程度"。什么样的语言是美的、适当的、得体的? 只有那些适合语境的语言才是美的、适当的、得体的。骆小所先引用老舍先生的话:"所谓适当者,就是顺着思路与语气,该俗就俗,该文就文,该土就土,该野就野。"接着,他说:"撇开语境,孤立地看一个词、一句话、一段话,即使写得再漂亮、再出奇,也是没有审美价值的。个性化的语言,如果脱离了特定的语境,就如鱼离开了水,花离开了树,就失去了生命。人物的语言是在特定的时间、空间、社会环境、人与人的交往矛盾纠葛中说出来的,也只有在具体的语境中才能展示它的内涵,它的美,它与人物的血肉关系。个性化的语言要以特定语境来衬托,来渲染,来强化。"

当人们建构话语后,作为修辞活动和翻译活动的重要一环,话语要接受来自修辞表达者的自我评价和来自修辞接受者的社会评价,即对修辞效果进行好坏得失的评论和判断。修辞评价,不论是自我评价还是社会评价,都应该以得体性,即语境的适切度为评判的标准。语境的适切度一般可以分为三个层次:与语境不适切、与语境适切和与语境高度适切。与语境不适切的文本是不合格的修辞成品,难以流通;与语境适切的话语能达到一定修辞目的,但影响力不大、接受者不会多;只有那些与语境高度适切的作品,才能成为跨越时空、广为流传的经典 ①。

例 11:白发三千丈,缘愁似个长。不知明镜里,何处得秋霜?

有的读者觉得首句"白发三千丈"根本不可能,宋代修辞理论家胡仔说:"其句可谓豪矣,奈无此理何?"他们没有结合语境去理解这句诗。后三句是上下文语境,抒写了诗人愁肠百结难以自解的苦衷。这首诗的大语境是:诗大约作于唐玄宗的天宝末年,这时候诗人对整个局势深感忧虑;而且李白已经五十多岁了,一生壮志不能实现,反而受到排挤和打击。这一切怎不使诗人愁生白发,愁思绵长呢?这里的"白发三千丈"其实是"愁思三千丈"。因为这里的艺术夸张极其形象、生动、深刻,与语境高度适切,这首诗成为脍炙人口的千古名诗。

例 12:I despite its very vastness and power. It (New York) has the poorest millionaires, the littlest great men, the haughtiest beggars, the plainest beauties, the lowest skyscrapers, the dolefulest pleasures of any town I ever saw.

译文一:我嗤之以鼻的正是这座城市的宏大与权势。这座城市里有最贫穷的百万富翁,最渺小的伟人,最高傲的乞丐,最丑陋的美人,最低矮的摩天大楼,和最令人悲哀的欢乐,比我所见过的任何城市都有过之而无不及。

译文二:我嗤之以鼻的正是这座城市的宏大与权势。这座

---

① 吴学飞,黄大鹏. 语境与修辞关系浅析[J]. 文学界(理论版),2011(05):91-92.

城市里<u>有的是心灵空虚的百万富翁</u>,<u>人格渺小的伟人</u>,<u>最目空一切的乞丐</u>,<u>最使人瞧不上眼的美女</u>,<u>最卑鄙龌龊的摩天大楼</u>,<u>和最令人悲哀的娱乐</u>,比我所见过的任何城市都有过之而无不及。

　　表面上看,这句话汇集了六个自相矛盾的组合。译文一按字面意义直译出来,使读者觉得费解,也表达不出原文的主旨。但结合上下文语境和大语境,我们知道,欧·亨利通过新颖离奇的矛盾修辞法结构充分表现了纽约这座城市的本质——表面风光繁华,实际上却道德沦丧、丑陋无比。这句话因新颖的修辞表达和深刻的含义,成了矛盾修辞法结构的经典之作。因此,译文二通过分析语境,对关键词语加以引申,从而揭示了话语的言外之意,使译文读者心神领会。

　　总之,语境是确切理解话语的基础,也是建构话语的出发点,并且决定了修辞同义手段的选择和修辞技巧的运用,语境适切度是评价修辞效果好坏的标准。所以,我们可以这样说:修辞实践和翻译实践、修辞评价和翻译批评都离不开语境。

第三节　修辞学理论对翻译研究的指导与启示

一、修辞学与翻译研究共享的理论资源

(一)胡塞尔的现象学、伽达默尔的哲学解释学和巴赫金的对话理论

　　语言哲学是20世纪西方哲学的重要领域,而意义理论是

语言哲学的核心课题。意义理论也是哲学与修辞学、翻译研究的联结点。关于语言和意义的关系问题,人类经历了几次大的思考和变革,完成了一个漫长的认识转变过程:意义的客观性—意义的构成性—意义的主体间性。索绪尔的结构主义语言学揭示了意义的构成性;与之相比,胡塞尔的现象学更进了一大步,深刻揭示了意义的主体间性,把"人"这一主体概念引入了意义形成,从而打破了索绪尔那个封闭的符号系统,对当代人文科学的发展有着深远的影响。

现象学的创始人是德国哲学家胡塞尔,他在1900—1901年发表了两卷本的《逻辑研究》,标志着现象学的创立。现象学是20世纪影响最大的哲学流派。胡塞尔早期从逻辑角度研究语言与意向活动,寻求绝对意义;晚期则从"生活世界"追问语言的实际的、多变的意义。现象学的精神即最基本观念,就是"回归事物本身",也就是"悬搁"本质而只求"现象",即终止逻辑判断,返回"本质直观"。胡塞尔称之为"一切原则中的原则",即在本质直观之中,现象自身会向我们呈现出事物的本质以及丰富的世界关联。"以前所有的哲学都认为'本质'是通过抽象化、对象化、形式化和普遍化形成的概念和范畴,胡塞尔的本质直观却是在个别中见普遍,在现象中见本质,在感性之中见观念,在知觉之中见范畴,在意向中见活生生的事物本身。"可见,现象学提供了一种新的哲学方法,一种在具体的现象中直观事物本质的分析和描述的技巧。这种哲学方法区别于寻找抽象的同一性、普遍性的逻辑-数学范式的抽象与归纳的方法,不会寻找深藏于其中的内核与本质,而认为现象即本质,所以它是以想象与联想的方式,使不在场的现实之物与在场者综合融通,形成整体性,这种想象与联想的思维方式更适合于人文学科。

现象学的另一个核心概念是意向性理论。胡塞尔认为世界本身是无序的、无意义的,正是通过意向性活动才使某物获得意义。同样,符号本身也并无意义,是人们通过意向性行为才使得符号产生意义,意义是在人们的意向活动中显示自身的。"这样一来,胡塞尔就把'人'这一主体概念引入了意义形成,从而打破了索绪尔结构主义语言学那个封闭的符号系统①"。此外,胡塞尔使用了"表达式"这一概念来区别于索绪尔的"符号"。当一个人使用某个表达式时,这个具有某种思想意向的表达式就意指某物并同时传达给别人,即意义在传达中存在,意义实质上就是交流中的中介。吕俊、侯向群认为:"很明显,胡塞尔的意向性理论实际上已不仅包括了主体性的问题,还包括了主体间性的问题,从而导致了人们由原来对客观性的探寻转向了对主体间性的研究,人们不再是在认识中去寻找意义,而是从交流与交往中去寻找意义,从而也导致了我们由原来对符号所指的关注转向了对能指(表达式)的关注,因为人们在通过意义的中介把意向性意图让别人了解时,他更关心的是用怎样的表达式以及如何使用这些表达式。"由此可见,胡塞尔的现象学为反省和批判"欧洲科学危机"和重返生活世界指明了一条出路。

茵加登和杜夫海纳把胡塞尔的现象学概念"意向性"应用于美学研究,力图表明艺术作品本身既非实在的东西也非观念的东西,而是具有纯粹意向性的存在,是一种"意象性客

---

①赵宇红.文学翻译中的读者接受理论应用[J].吉林建筑工程学院学报,2011,28(05):96-98.

体",这种"意向性客体"只有在读者的直接阅读经验中方能得以"具体化"。也就是说,文学作品不仅是一个客观存在的客体,而且也是一个意向性对象。从本体论观点看文学作品只是一种图式化结构,其构成要素大部分都处于潜在状态。只有在阅读中被读者"具体化"之后,文学作品才能成为丰满具体的审美对象。

德国哲学家伽达默尔受胡塞尔的现象学和海德格尔的存在主义的本体论语言观的影响,把传统解释学(这种解释学被视为一种阐释技巧)发展成哲学解释学,使解释学在20世纪完成了一次由认识论到本体论的革命。伽达默尔认为:语言揭示了世界,世界被语言表现,人只有通过语言才能拥有世界。由此他得出了"能被理解的存在就是语言","整个理解过程乃是一种语言过程,语言正是谈话双方进行相互了解并对某事取得一致意见的核心。"因此,理解是人类的生存模式,理解现象发生在人类生活的一切方面。可见,解释学是存在论的而不是方法论的,其目标是揭示人类生存这个充满意义的文本以及各种理解现象所依据的基本条件。

如何才能达到相互理解呢? 伽达默尔提出了视域融合理论。他认为:理解不是努力寻找文本作者的原意,也不是解释者重构文本意义。理解是解释者带着自己在历史中形成的"前见"(即原有视域)与文本对话,在对话过程中达到"视域融合"之后生成了的新的意义,因此,真正的理解是新意义的生成。可见,伽达默尔不仅强调了理解的对话性,还把"时间"(历史)的概念引入到意义的形成之中。人置身于历史之中,历史语境主导了人的理解方向。他的理论告诉我们:在人文科学中要求独立于历史主体的客观性是不可能的,因为所有的理解一定会带有历史性的偏见,绝不会是纯客观的。历史性构成了理解者的主观偏见,而主观偏见又构成了解释者的特殊视界。理解是过去的视界与现在的视界的融合交织。没有任何解释是最终性的,理解是在解释者和文本之间的不断游动,理解是一种动态的过程。因此,伽达默尔的解释学美学思想是:艺术解释活动就是主体参加的理解和体验活动,必然带有一定的主观性,这种主观性是理解艺术作品不可缺少的"前结构"。他指出艺术作品是开放的,其意义是没有止境的,它既属于作品产生的那个时代,也属于作品不断被理解的未来时代。

苏联著名思想家、语言析学家、美学家、文艺理论家巴赫金的学术观点颇具前瞻性,研究的领域涉及哲学、美学、符号学、文艺学、文化研究、语言学、心理学、人类学、伦理学等诸多领域。早在 20 世纪 20 年代,巴赫金就开始站在哲学的高度上考察言语活动,并出版了重要著作。他生前默默无闻,但自从 20 世纪 60 年代被西方发现以来,备受学术界的关注,20 世纪 80 年代出现了国际巴赫金研究热潮。其思想的丰富性和多面性,使他在 20 世纪思想文化界享有重要地位和巨大影响。他的思想对人文学科的各个领域都产生了深远的影响,众多的思想和理论流派如新马克思主义、后结构主义、符号学派等都从他那里取得了为己所用的思想资源。而在修辞学领域,由于他在语言哲学、话语理论上的独特贡献,他被誉为当代西方修辞学理论的先锋之一。

21 世纪初,西方哲学发生的"语言论转向"挑战了西方思想传统的本体论和认识论模式,而把哲学的关注中心放到了人类的语言结构。对此巴赫金已有清醒的认识,他高度评价索绪尔结构主义语言学对语言的关注,但反对结构主义"封闭于文本之中",把文学艺术看成是自足的文本结构的共时体(如新批评、形式主义和前期的结构主义所做的那样)。在1929年出版的《马克思主义和语言哲学》一书中,巴赫金修正了索绪尔的共时性的语言学,他认为要理解话语的含义不仅需要沿着话语之间的关系轴,而且应当放到话语产生的社会语境中。他更关心语言背后的语义空间,在这一点上,他运用了马克思的意识形态理论,把语言作为有具体语境和社会环境背景的一种实践,并始终把艺术形式的研究纳入历史和社会诗学的范畴,表明了一种把文学变化的内在机制和外在推动力结合起来的理论方向,即根据语言实践的社会基础和历史变化来解释语言符号系统所确立的形式和意义。

巴赫金在话语理论上的最主要贡献是对话理论。巴赫金的对话理论以其深邃性而独具一格。巴赫金指出,话语永远都是发生在至少两个社会成员之间的一种"回应性互动"。刘亚猛指出,"将'互动'和'回应'确认为语言的两个本质属性表明了巴赫金所采用的是一个广义的修辞视角。"巴赫金认为,对话是人类基本的生存方式,是人类语言的本质特征,语言符号只有在对话中才有意义。巴赫金反对话语独白,他的对话理论强调了意义的复调性,没有谁独自占有意义,意义产生于对话的过程。对话关系不仅包括日常生活中的实际对话,它比实际对话更为广泛、多样、复杂。一个人的"言谈"总是带有某种观点和价值观的表达,但这种表达不是固定的立场而是一个过程,是在和潜在对象的对话中完成其功能的,并且和其他"言谈"一起构建了话语的公共空间,各种差异和不同的声音借此汇成一个充满张力的复合体。在某个学术问题的研究中,对比不同的表述、见解、观点,便会在某种含义的"相通之处"产生着对话关系。两个表述在时间和空间上可能相距很远,互不知道,但只要从含义上加以对比,便会显露出对话关系,条件是它们之间只须存在着某种含义上的相通之处(哪怕主题、视点等部分地相通)。在文学活动中存在着多种对话关系,不仅作品中的人物与人物对话,而且包含作者与人物、读者与人物、作者与读者的对话,今天的读者与过去不同时代、民族的读者之间,都存在着对话关系。总之,巴赫金认为生活的本质是对话,思维的本质是对话,语言的本质是对话,艺术的本质是对话,这是对生活、思维、语言和艺术一种崭新的理解,这也是巴赫金语言哲学、美学的思想基础和理论核心。复调小说和复调理论是他的对话理论运用于小说叙事结构研究的结果,他的理论打通了文本的复杂空间结构与人类心理结构的关联。

由此可见,胡塞尔的现象学、伽达默尔的哲学解释学和巴赫金的对话理论宣告了主体间性的出场、独白话语时代的结束和对话时代的开始。这些哲学、美学思想所揭示的意义的主体间性、解释和理解的多元化、话语的对话性,将"人"的因素带回长期被科技理性霸权占领的人文、社会科学领域,揭示了这些学科领域的人文性,其中包括修辞学和翻译研究。

受现象学和哲学解释学影响,20世纪60年代末,德国的姚斯和伊瑟尔开创了接受美学;20世纪70年代,美国的菲什、卡勒和布鲁姆创立了与接受美学血脉相连的读者反应批评。两个流派对文本中心论进行了反驳,确立了以读者为中心的美学理论,实现了文学研究方向的根本变化。虽然两个流派有不同的理论主张,仍具有一些基本的总体特征:①打破了文本中心论,确定了读者中心地位。文学文本只是半成品,没有读者的审美参与,文本只是一个充满未定点的图式化框架。意义并非确定,文本之中的空白和未定点赋予读者建构意义的权利。作品总是为读者创作的,未被阅读的作品仅仅是一种"可能的存在",只有读者能赋予作品以现实的意义。从此,文本中心论转向读者中心论,首次使读者成为作品意义的构建者。但是,接受反应文论过分重视读者,对作者置之不理。②注重艺术交往活动研究。姚斯认为,读者总是带着"期待视野"通过本文与本文的作者进行"对话"后形成"视野融合"。随着理论的逐步完善,接受反应文论的理论中心也由先前的极端的读者中心论立场转变完善为"作者—文本—读者"的交流论立场。但研究仍然囿于文本自身,而未关注文本与社会之间的关系问题。

上述哲学、美学理念势必影响到修辞学和翻译研究,从此我们知道:修辞过程、翻译过程都是一种对话活动。修辞活动是一个表达者和接受者的双向互动的言语交际过程。在这些理论的启发下,谭学纯、唐跃、朱玲合著了《接受修辞学》,以修辞接受为研究中心,建构了接受修辞学的体系,对我国的动态修辞研究做出了积极的贡献。翻译活动更复杂,是一个作者与译者、译者与译文读者的两次双向互动的对话过程。在理解原文时,译者带着"期待视野"在文本的"召唤结构"作用下,与隐在的作者进行对话后形成的"视野融合",这种"视野融合"就是译者对原文的理解和接受;然后译者再回到译文的文化语境中,与译文读者进行对话,形成译文后不断进行修改和调整,最后才能定稿。所以,原文的意义不是原作者或原作的独白,而是译者通过原文文本的中介在与作者的对话过程中生成的;译文的意义不是译者的独白,而是译者与译文读者对话后共同建构的。因此,现象学、哲学解释学、巴赫金的对话理论和接受美学揭示了翻译是再创造的根本性原因。同时,这些理论使译者、读者的主体性和意义的主体间性得以凸显,极大地提高了译者、读者和译作的地位;使翻译研究摆脱了自然科学的客观性,带上了人文科学特有的人文性。

(二)伯克的动机修辞学和布斯的小说修辞学

美国修辞学泰斗、哲学家、思想家、文艺评论家肯尼思·伯克对修辞学的发展具有重大影响。伯克的修辞学思想具有超前性,他在20世纪三四十年代发表的著作便有深邃的、成熟的修辞学思想,尽管这些著作直到20世纪60年代才发生普遍的影响。在战后的十年时间里,伯克写了近十部著作及大量论文,其中对修辞学贡献最大的是《动机语法学》《动机修辞学》以及《语言是象征行动》。概括起来,伯克的主要修辞学思想包括以下几个方面。

1. 语言是象征行动

人是使用象征的动物,象征是人类生存的基本保证,而绝非仅仅是一种文学修辞手段。修辞是"语言本身的一个基本功能,也就是作为一种象征手段的语言诱使对象征天生敏感的人类个体相互合作的那个功能"。因此,语言本质上是修辞性的、劝说性的。人要生存就必须调节与他人的关系,就必须与他人合作。修辞的基本功能是用话语诱发同一、达到合作、调节人与人之间的关系。修辞活动的本质就是"认同",即"同一"。因此,一切语言或言语活动都离不开修辞。修辞现象无所不在:修辞不仅蕴藏在人类的一切交往活动中,而且组织和规范了人类的思想和行为的各个方面。

2.各种话语形式背后皆有其动机

科学和哲学话语试图描绘人类的动机形成体系,而社会话语却试图激发动机。一切话语(包括科学术语)都带有"说服动机"亦即都具有修辞性。伯克认为,"修辞的基本功能"就是"施事者通过词语的使用促使其他施事者形成某一态度或采取某种行动"。语言不仅导致行动,而且建构了现实。

3.伯克提出了"不协调而获视角"观点,提供了一个解构主义方法论

他认为,从一个视角来看是真理,换一个视角来看就可能不是真理。真理和知识是修辞建构的结果。伯克的解构哲学观比德里达早几十年。

4.在他的修辞学思想里,受众不是被动的接受者,而是发现、构建、交流意识的积极参与者,是修辞过程不可缺少的部分

伯克将"认同"即"同一"而不是传统的"劝说"确立为当代修辞学的中心概念,即修辞活动的本质就是"认同"修辞者必须使受众觉得他"认同"受众的思维、情感和意见,是"自己人",才能最终使受众认同修辞者的观点。"传统上说,演说者了解受众是为了说服受众,但伯克认为,同一性过程使说者向受者学习。……劝说并不是直线性的过程,而是一种合作活动,在活动中说者与受者'合为一体'。"这就是修辞者与接受

者的"互动论"。伯克认为,修辞学的主要目的是探索在社团中创造凝聚力、寻求思想同一性的方式。这样,伯克揭示了修辞具有促进社会协同的伦理价值,即话语交流是使同一社群成员之间达成"共同理解"并凝聚在一起的根本途径。

5.伯克修辞理论的核心是"戏剧主义的语言哲学观"

莎士比亚有一句名言:"整个世界是一个舞台。"所以,伯克认为,"整个人类行为是戏剧。"现实世界的人都是演员,人的言行举止都有象征意义。他用"戏剧主义"来论述人类动机。他选择戏剧的五个基本元素构建了一个理解动机和象征关系的基本认知框架,这五个元素是"表演/行动"(act)、"场景/情势"(scene)、"演员/施事者"(agent)、"道具/手段"(agency)、"目的"(purpose),它们指称一切话语互动都不可或缺的基本构成成分,它们的互动构建了话语的不同动机、观点、态度、价值观等。"他这么做的真正意图在于揭示动机是在五大元素相互联系而形成的一个复杂动态关系网络内产生的。"

6.伯克提出了超前的文学修辞批评观

他认为文学是一种象征行为,文学的目的是对读者发生影响,其作用存在于人类之间相互作用的领域。因此,文学只能是修辞学的一个分支,文学与艺术都有劝说与论争的功能,在人类社会中常用作宣传。正因为构建了一个全面、深刻而崭新的修辞理论体系,伯克被公认为20世纪西方最重要、最具影响力的修辞思想家。伯克的著作在理论上为新修辞学做好了充分准备,极大推动了西方修辞学的复兴。伯克的博大精深的修辞学理论从20世纪60年代起引起世界学者越来越多的研究,引发了"哲学家的修辞转向"。从此,修辞学的新观点、新方法、新批评层出不穷,形成了开放的多元化的局面。

伯克的修辞哲学思想深深地影响了解构主义哲学家们,如德里达、保罗·德·曼和米歇尔·福柯。首先,解构主义哲学家们认同:一切语言都是修辞性的。德里达认为,所有的语言都是修辞性的,因为所有语言的一个显著特征就是意义的流动性,这一点是他的解构理论的一个重要组成部分。……解构主义认为,万物都是文本,文本可以自我拆解,而在关于同一性、现实和历史的探讨当中,还有许多未曾言说的空白。这样,解构主义提出了一个观点:修辞遍布在语言之中,并且构成了文化结构的基础。其次,伯克认为真理和知识是修辞建构的结果,这种观点无疑对德里达解构、颠覆"真理""上帝"等一系列支撑西方哲学文化之整体形象的"逻各斯中心主义"有着深刻的启示。再次,伯克认为,一切话语形式背后皆有其动机。我们认为,这一观点是福柯的权力话语理论的渊源。而德里达、福柯的理论对翻译研究的影响是巨大的,引发了翻译研究的范式革命。从20世纪80年代起,西方译学界反思了解构主义研究范式的局限性,使翻译研究突破单一、封闭的语言内部研究,走向一种多元、开放式的外部研究,极大地拓展了翻译研究的视野和研究领域,使之形成了多元的局面,各种学派层出不穷,如诠释学派、文化建构派、操控学派、目的论派等。以苏珊·巴斯内特和安德烈·勒菲弗尔为代表的研究者开启翻译研究的"文化转向",把翻译视为一项与文化系统充分结合的动态活动,将视野推广到社会历史领域,去发掘隐藏于文本背后的多重权力操控因素。

美国当代文学理论家和修辞学家韦恩.C.布斯对当代修辞

思想的贡献巨大。一方面,他是对文学作品进行"修辞批评"的主要倡导者和模范实践者。他的《小说修辞学》是重要的修辞诗学理论,这一理论促进了文学研究领域的"修辞转折"。他认为批评家应该做的是审视作者如何调动一切可资利用的技巧和资源,以便使读者接受他创造出来的那个虚构世界。他"把修辞从语言层面扩展到叙述技巧和策略的层面,奠定了小说修辞作为小说理论重要研究课题的基础"。"修辞在他看来不仅是指作家为了帮助读者而介入小说的种种手法和技巧,而且,从广义的层面来看,整个小说本身就是修辞性的,它是为了实现作者与读者的交流这一根本目的而存在的。"

　　另外,布斯对修辞伦理和话语伦理进行了深入的思考。他将修辞看成是"人类共有的、可以被用于在彼此身上产生效果的一切资源",并指出修辞所产生的是"伦理上、实际事务上、情感上和智力上的效果,包括一切与人格修养、人际关系、政治事务、美学感受、学术研究相关的效果"。他深刻地指出修辞具有突出的两面性:"从最坏处看,修辞是人类除了暴力之外最有害的教唆者,然而符合伦理的修辞可以是我们最好的朋友——它可以是使我们得以避免暴力、构建社群的主要资源。"他提出符合伦理的修辞是一种"倾听/求同"修辞,即认真听取对手所讲的道理,不加以有意的歪曲,并且探索出双方分歧下的深层共识,达到"求同"这一根本目的。可见,布斯的"倾听/求同"观点与哈贝马斯的通过交往行动达到"共识性真理"观点有异曲同工之妙。布斯坚信修辞伦理事关重大,他认为能否将符合伦理原则的交流方式树立为整个社群的话语规范关系到国家的兴衰存亡。美国社会之所以矛盾重重、问题从生,其根本原因之一就是未能广为实行"倾听/求同"修辞,并听任其对立面,即一切打马虎眼、不诚实、通过误导造成误解和其他种种危害的"交流艺术",畅行无阻。

我们认为,布斯的修辞诗学理论对文学翻译有很深刻的启示。布斯指出,在文学作品中,作者调动一切可资利用的技巧和资源,以便使读者接受他创造出来的那个虚构世界。由此可见,对于作家来说,用什么样的词句、什么样的篇章结构来表达什么样的内容、什么样的思想都是有讲究的。也就是说,他们写在纸上的东西(包括内容和形式本身)都有其用意,而不是无缘无故的,每一个作家都有自己独特的一套表现思想的方法,这些也就构成了作家的风格。从内容层面上来讲,作家在创作时都有一个总体构思,不同的情节都是围绕这个中心思想来展开的。落实到文字上,段与段,句与句之间的衔接都存在一定的规律。因此,当译者理解原文时,不仅要对句子层面的修辞技巧有准确的理解,还要从句子层面扩展到篇章(即文本)的层面,要从篇章的整体结构来探索篇章的类型、修辞特点、叙述结构、各种功能语体中的言语规范、篇章的起承转合和上下衔接、事件的交替变化和层次递进,还有词语的指代照应、句子的平行结构等。在译者用译入语建构译文时,也要根据语境选用适当的表达方式,并尊重译文读者的意向,与译文读者交流,才能取得满意的效果。总之,布斯的修辞诗学理论对文学翻译实践有着积极的指导价值。

二、从广义修辞学视域进行文学文本的翻译研究

(一)从广义修辞学视域进行文学文本的翻译研究的目标

20世纪50年代之前,翻译研究处在语文学阶段,翻译被视

为一种艺术再创造而不是科学。自20世纪50年代起,西方翻译研究步入结构主义(structuralism)语言学阶段,研究者排除翻译的文化因素与主体因素,专注于语言系统内部,以语言分析为基本方法,研究语际间语符转换规律。20世纪六七十年代盛行于西方的解构主义思潮解构了语言和文本,否定语言的规律性和文本意义的确定性,强调意义的无限衍生性,并由此宣告任何理解的合理性,翻译成了"怎么都行"。受其影响,20世纪80年代的西方译学发生了"文化转向",翻译研究由内部走向外部,完全脱离了文本和语言,专注于文本外的因素,如意识形态、权力话语等。21世纪初,社会需求使实用性翻译研究越来越多,语言又重新成为研究重点,翻译研究进入了后解构主义时代。

我们认为,让翻译回归语言学,不是简单的回归,而是一种扬弃。既不是回归封闭、抽象的结构主义语言学,也不是回归神秘的解构主义本体论存在论的哲学语言观,而应回归与生活世界密切相关的语用学、语境研究和修辞学,这样才能同时关注语言系统的内部和外部,达到语言层面与文化层面的结合。我们应遵循"文本内外结合,以内为主"的原则。"文本内"和"文本外"之间不存在不可逾越的鸿沟,两者并不矛盾,而是相互补充的。因为语言是文化的载体,翻译活动的外部因素并非游离于文本之外,而是隐含在文本的字里行间。在文学文本中,作为文化核心内容的意识形态因素往往以隐喻的形式蕴含于文本语言之中。因此,后解构主义时代的翻译研究应该回归语言和文本,并关注文本之外的大千世界与文本的互动关系,进行"既有结构分析又有解构思辨的综合的、跨学科的研究"。

我们借鉴广义修辞学的理论成果来研究翻译,有以下"依据"。

1.翻译学和修辞学有着许多共性

第一,翻译和修辞都是言语交际行为。翻译是一种跨文化的言语交际行为,其本质是以语言为媒介的跨文化交往传播实践。修辞本质上是人类的一种有意识、有目的言语交际行为,是人们依据具体的语境,建构和理解话语以及其他文本,以取得理想的交际效果的一种社会行为。第二,翻译学和修辞学都是研究言语交际行为的综合性学科,目的都是服务于社会实践、促进人类互相交往和沟通。第三,胡塞尔、伽达默尔、巴赫金、哈贝马斯、福柯、伯克、布斯等哲学家、思想家、修辞学家、文学评论家的重要学说既是修辞学的理论基础,又能够为翻译研究和翻译实践提供重要的理论指导意义。

2.广义修辞学体系对文学翻译极有价值

肯尼斯·伯克指出:"文学是修辞的一种形式,是一种象征行为。"文学这一修辞活动不可能终止于言语技巧,它总是向文本策略延伸,进而向文化哲学延伸。当代修辞学已从狭义修辞学转向广义修辞学。狭义修辞学把修辞学严格限定在语言学范围内,以言语表达技巧为研究中心。广义之广,就在于突破语言的局限,把修辞学研究放在比语言更广大的社会文化背景下进行,关注语言与人、与社会、与文化等人文世界的关系。谭学纯、朱玲认为广义修辞学是语言学、文艺美学和文化哲学的结合部,包括三个层面:①修辞作为话语建构方式,即修辞技巧,与语言学交叉。②修辞作为文本建构方式,即修辞诗学,与文艺学相交叉。③修辞参与人的精神建构,即修辞哲学,与哲学相交叉。

因此,从广义修辞学视域看,文学文本的本身交织着修辞技巧、修辞诗学、修辞哲学的三重话语。我们认为,广义修辞学体系对文学翻译极有价值,所以我们将选择具体的散文和诗歌的原文和译作,对原文和译文文本进行广义的修辞分析,从修辞哲学(主体精神建构)、修辞诗学(文本建构)、修辞技巧(话语建构)三个层面读解原文文本,帮助译者拓展读解空间,更深入地理解原文的内容与形式;在整体认知的基础上,分析、评价译文文本的修辞表达方式和翻译策略。

总之,我们从广义修辞学视域进行文学文本的翻译研究,目标是使翻译研究回归文本,并使文本内部(语言层面)与外部(文化层面)相结合;同时,为翻译批评提供一种新方法,并帮助读者提高欣赏能力。

(二)从广义修辞学视域进行文学文本的翻译研究的原则和方法

"修辞活动是言语交际双方共同创造最佳交际效果的审美活动。"文学成为艺术的特质在于文学性,文学性是语言通过一定的排列组合形式造就的。对于作家来说,用什么样的词句、文本结构、修辞技巧来体现他所要表达的主题思想,段与段、句与句之间的衔接,都是经过了精心推敲的,所以文本的内容和形式与修辞密不可分。

文学翻译包括两次修辞活动:译者首先作为接受者把握原文的内容和形式;然后又作为表达者,运用修辞手法再现形式和内容,期待译文接受者的接受。怎样才能准确理解和传达原文主旨和言语风格呢？译者应遵循总体性原则,采用广义的修辞分析方法,从修辞技巧、修辞诗学、修辞哲学三个层面深入读解文学文本;然后在整体认知的基础上,选择贴切的译语表达方式。

1. 译者应关注原作者的话语建构方式,即修辞技巧

它包括象征、反讽、对比、隐喻、夸张、双关语等修辞格以及声音的锤炼、词义的选择、句式的调整、句段的安排,还包括语境、语体、言语风格等方面。

2. 译者需关注原文的文本建构方式,即修辞诗学

所谓文本建构,主要是研究叙事层面的宏观修辞技巧,诸如视点、距离、讲述与展示、时空、人称、节奏等。修辞诗学关心的是作者、叙述者、人物和读者之间的关系以及作者叙述技巧的选择与文学阅读效果之间的联系。韦恩·布斯的《小说修辞学》是重要的修辞诗学理论,他把修辞从语言层面扩展到叙述技巧和策略的层面,奠定了小说修辞作为小说理论重要研究课题的基础。修辞在他看来不仅是指作家为了帮助读者而介入小说的种种手法和技巧,而且从广义的层面来看,整个小说本身就是修辞性的,它是为了实现作者与读者的交流这一根本目的而存在的。

3. 译者需关注原文中的主体的人格建构,即修辞哲学

修辞使现实世界在言说中成为审美化的世界,使之更深入人的意识,成为主体认识世界的一种方式,并在这个意义上成为人存在的标志。修辞话语的意义向主体经验世界投射,并在主体的经验世界中得到印证,参与主体的自我建构。卢卡契有一句名言:"没有世界观,就没有作品可言。"人们在进行

修辞表达的同时,说出了一种价值判断。人们在接受修辞话语的同时,也接受了一种价值判断。人们参与修辞活动的时候,同时也在建构价值观、伦理观、生命观。这样一来,修辞话语既介入了人的现实生存,也介入了人的理想生存。

总之,采用广义的修辞分析方法,来进行翻译研究、实践和批评,能使文本的内容与形式相结合,使文本内部与外部相结合。

第四章　翻译认知能力的建构

第一节　翻译认知能力的概述

一、翻译能力概述

(一)翻译能力的定义

学科教学中,能力培养是关键的环节。关于能力的认知建构与评估范畴也是研究的热点。这些有助于我们重新认识人的特性,并对完成各项任务中的个体有了新的认识。从心理学的角度来看,根据加拿大学者戴斯等的定义:"能力是人的一种特质或特性,它与某种心理任务有关,能使操作达到稳定的水平。能力通常被认为是某种智能,可以从'多少'这个意义上测量它,认为一个人有多少'能力'就如同一个容器能够储存多少水一样。"能力一般可分为一般能力和特殊能力两个层次。一般能力又可再细分为言语和非言语能力两个层面,言语能力可包括词汇、理解、数量和记忆,而非言语能力可包括记忆、推理、感知觉和空间。从教育学的角度来看,能力的概念是个核心因素,可将能力看成是对个人成就和表现的发展和认同之标准,或者将能力看成知识、技能、态度和评价的综合体,可以促使个人在满足期望条件的情况下做出表现。教育领域的职业人士认为"基于能力的课程"概念已经被广泛地理解为"一种可以按照预期结果来定义的知识、技能以及态度方式"。从社会学的角度来看,能力是一种帮助人们更好地处理人际关系的、社会的和职业挑战的重要资产。从外语教学的角度来看,"能力"在 CEFRL(Common European Framework of Reference for Languages:Leanning,Teaching Assessment,欧洲共同语言参考标准)中的定义是指具有行为导向的方法,是知识技能和特点的总和。

(二)翻译能力的分类

翻译能力的分类也叫翻译能力的组成参数,主要是指翻译能力的组成成分、构成模式以及在翻译能力培养过程中具体的实施侧重点。国外的研究中,对翻译能力进行分类描述主要有以下几方面的经典观点:Neubert 认为翻译能力由语言能力、语篇能力、学科能力、文化能力和转换能力构成。Schaffner 认为翻译能力包含语言能力、文化能力、语篇能力、领域能力、研究能力和转换能力。Orozco 认为翻译能力可分为转换能力、两种语言的交际能力、超语言能力、工具–职业能力、心理–生理能力和策略能力。Kelly 认为翻译能力包含交际和语篇能力、文化能力、主题能力、职业–工具能力、心理–生理能力、人际能力和策略能力。PACTE 提出翻译能力包括双语交际能力、语言外能力、转换能力、职业能力、心理–生理能力、策略能力。皮姆认为翻译能力包括产生可行译语文本的能力和选择唯一可行译文的能力。Orozco 认为,翻译能力的关键是转换能力,而转换能力又可以具体分为几种次级能力,包括理解能力、重新表达能力和从事翻译工作的能力。Orozco 进一步将翻译能力分解为以转换能力为核心的几种能力的组合,转换能力包括下面一些次范畴:理解能力,控制干扰的能力,重新表述的能力,执行翻译任务的能力。此外,还有五种围绕转换能力的能力,即双语交际能力,言外能力,职业-工具能力,心理-生理能力和策略能力。

在上述国外学者关于翻译能力的经典分类中,语言能力、文化能力和转换能力是各个学者进行分类的核心类别,这也是由翻译活动的本质特点所决定的,可以说这是翻译能力的核心分类。其他涉及的语篇能力、工具-职业能力、心理-生理能力和策略能力、人际能力等(特别是对转换能力次范畴的划分)是近年来随着认知语言学、翻译过程研究和翻译技术等学科知识的不断丰富,而体现于翻译能力研究的新的分类。

我国学者对翻译能力也有自己的分类。例如,刘宓庆认为翻译能力包括语言分析和运用能力、文化辨析和表现能力、审美判断和表现能力、双向转换和表达能力、逻辑分析和校正能力。文军认为翻译能力包括语言/文本能力、策略能力和自我评估能力。姜秋霞、权晓辉认为翻译能力包括语言能力、文化能力、审美能力和转换能力。杨晓荣认为翻译能力包括翻译技巧,对翻译标准、翻译原则的把握,语言运用能力,知识量和综合能力,逻辑思维能力等。苗菊认为“翻译能力是由一系列相关联的成分能力所构成的,翻译能力的研究是一种综合性的研究,除了语言能力的研究,还涉及各领域的技能研究,包括译者的思维认知领域、文化知识领域、交际领域等。翻译是有目的的、复杂的活动,这要求翻译能力是一种独特的综合能力,涉及各种知识和技能的协调应用,语言能力只是翻译能力的基础,不足以概括翻译能力的构成"。苗菊首次明确提出认知能力是翻译能力的重要组成部分,这也体现了中国翻译研究的实证转向(或称现实转向),这是中国翻译能力研究的一个特点。此外,中国学者很强调审美能力,这也是中国传统翻译理论结合当代翻译实践的产物,寓传统与现代之中,既作实证研究也弘扬文学翻译对翻译能力的特殊需求,有学者将校正能力和自我评估能力也纳入到翻译能力之中,这也是翻译能力评估的重要参数。

综合上文对国内外目前典型的翻译能力之分类研究可见,关于翻译能力的分类已经非常成熟。中外学者对于构成翻译能力的核心能力例如语言能力和转换能力(交际能力)等都有近似的想法,对于翻译的职业能力也都给予重视。差异主要在于,西方学者更多关注和翻译能力有关的策略模式研究,而中国学者对于翻译能力的美学维度更加关注。近两年来,随着翻译技术的不断发展,翻译的全球化、本地化逐渐进入中国人的视野,翻译教学与翻译培训的理念也在不断变化。与此发展相适应,翻译能力的分类也出现了一些新趋势。

(三)翻译能力分类研究的新趋势

提起翻译能力,人们会想到是对翻译者(如学习翻译的学生)的一种能力要求,就翻译教学和翻译培训而言,教师和培训者也应该具备一定的翻译能力,这种翻译能力既包含教师和培训者基本的、作为译者的翻译能力要求(如上文所述的定义与分类所阐述的那样),还包括作为教师和培训者应该具备的能力。Dorothy Kelly 提出了基于培训者或者翻译教师的三种翻译能力,即职业翻译实践能力,将翻译研究作为一种学术与学科的能力,还包括讲课的技巧与能力。这其中又可再细分为五个方面的能力:①组织能力。即能够设计课程和教与学活动的能力,应用并管理上述各方面能力的能力,应用并管理合适的评估活动的能力。②人际互动能力。即与译者合作完成学习目标的能力;在一个训练团队中工作的能力;作为译者的导师、顾问的能力。③指导能力。即展现内容并能够清楚解释的能力,能够引起兴趣和热心的能力。④职业能力。即理解翻译培训或者训练的教育语境(包括地方的、国家的或国际的),理解教育职业。⑤工具能力。即掌握所有种类的翻译训练资源并具有将其合适地、有序地应用于训练过程的能力[1]。换言之,随着译者能力的提高,对翻译教师和培养者的翻译能力要求也在提高,这也是翻译能力未来的发展方向之一。

翻译技术也将成为描述翻译能力分类的一个重要参数。虽然,目前也有西方学者关注到职业-工具能力,但并非将其作为一个核心能力来看待。随着翻译研究的技术转向和翻译技术在翻译教学和翻译培训中的作用日益突出,翻译技术将在翻译活动中发挥越来越重要的作用。目前,翻译技术已经在全球翻译市场上占有绝对优势,这些计算机辅助软件在创建翻译术语库、创建翻译记忆库、进行翻译质量监控、进行翻译质量评估等方面发挥越来越重要的作用。与此相应的一些翻译能力也会逐渐成为翻译能力的新的分类。

关于翻译能力的拓展分类。目前除了核心翻译能力的研究之外,关于翻译能力习得的研究也得到了研究者关注。例

①舍夫娜,阿达巴. 翻译能力培养[M]. 上海:上海外语教育出版社,2012.

如，2003年西班牙巴塞罗那自治大学的PACTE（Process in the Acquisition of Translation Competence and Evaluation）小组的翻译能力习得过程和评估研究人员认为翻译能力的提高是一个动态的、不断发展的过程。王树槐等将翻译能力拓展为六个层次——"翻译技能发展维度：译理—译技—译艺—译道；翻译策略发展维度：局部策略—整体策略—监控策略；翻译思维发展维度：具象思维—形象思维—抽象思维；翻译创造性发展维度：翻译普遍性—翻译个性；文化能力发展维度：认识能力—比较能力—协调能力；翻译人格发展维度：片面性人格—全面性人格"。如果能进一步将翻译能力习得的具体模式按照译前、译中、译后这样的翻译进程进行具体分类，对学习者翻译能力的提高也会有很大帮助。

随着科学技术不断向前发展，今天我们认为是新的东西几年之后很快就会变得普及甚至过时。随着翻译实践、翻译技术、翻译研究的不断变化，再加上各相邻学科不断为翻译研究提供新的理论素养，翻译能力的定义与分类也会不断向多元化的方向发展。例如，范勇认为："翻译能力和语言能力都属于人的心理特征，无法直接测量，只能通过测量其外显行为或外在表现特征来推论一个学生言语能力的高低。"未来，从评估角度进行的翻译能力研究也是翻译能力分类研究的一个新趋势。

二、翻译认知能力

在翻译活动中，认知对象是原作，认知主体是译者，译者的认知能力也就是对翻译活动的认知能力，这种能力主要是通过翻译理论结合翻译实践进行培养的。事实上，翻译路径的激活过程就是译者在翻译过程中的认知加工过程，这与认知语言学的翻译观不谋而合。国内外很多学者已经从认知心理学的角度来研究译者的翻译认知能力。洛克认为："人类的认知就是信息加工。"由此可见,认知能力就是指人们的思维方式或者是人们的大脑加工信息的能力,它包括感知力、想象力、记忆力、推理和判断力。Langacker认为："人类的基本认知能力主要是基于日常感知经验之上的。"这些基本能力主要包括:基本感知能力、比较和类推能力、心智扫描能力、抽象化能力、隐喻能力。

认知能力和认知方式既有联系又有区别,前者是后者的基础,后者是前者的体现。在翻译中,认知能力主要体现在正确选择认知视角的能力、认知结构的建构能力以及认知思维能力。而翻译能力是译者经过后天的训练而得到的,是翻译认知能力的体现。简言之,翻译的过程就是译者利用原有的认知结构即译者头脑中已有的翻译认知结构去同化新的认知结构的过程。比较图4-1、图4-2所示的两个翻译能力模式,Gopferich的翻译能力模式把翻译路径激活能力和翻译专业能力独立开来,则更突出了译者在翻译过程中的认知能力。

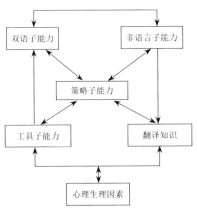

图4-1　基于PACTE的翻译能力模式

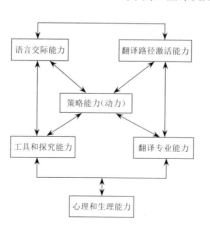

图4-2 基于Gopferich的翻译能力模式

翻译的过程是译者对原文体验的认知过程。因此,在翻译教学中应该注重翻译过程中认知主体——学生。对学生翻译认知能力的培养归根结底是对学生翻译能力的培养。基于Gopferich的翻译能力模式,作者提出以下建议及对策:首先,引导学生用所学到的翻译理论去指导实践并在实践中去总结翻译技巧以及在翻译过程中出现的问题。其次,要增强学生的双语能力及双语交际能力。除此之外,应该积极的调动起学生的认知能力和信心来完成翻译任务,要养成使用翻译工具的习惯同时要使学生养成在译文完成后多次校对的好习惯。

最重要的是教师要引导学生巩固和丰富他们的认知结构,巩固并完善他们在翻译过程中对原文的理解和把握。例如,引导学生增加课外阅读面,只有这样学生才会在以后的翻译实践中,检索与之相关的认知结构。总之,在翻译教学中,教师要巩固和利用学生已有的认知结构,激励学生吸收新的知识并形成新的认知结构。

三、默认语义学与翻译认知能力

默认值是心理学中经常讨论的问题,是指人在不能看到事物背面的情况下可以通过生活体验和背景知识就能猜出背面的情况。在语言使用的过程中,默认值现象也很突出。由于语言的经济性原则,我们说话时常常突出重点省略枝节,特别是省略谈话人共同了解的背景信息。另外,由于语言来自人类对现实生活的体验,所以语言描述的体验具有共性,这些共性的东西在一种语言中根据上下文可以通过信息合并来加以理解。在语义学里这些未经言明的默认值就成为默认语义学的主要内容。

Jaszczolt提出了默认语义学理论,该理论分享了当前新格赖斯导向的语义和语用理论,如新格赖斯语用学、关联理论、优化语用学理论。在默认语义学中,这种优化通过为合并再现做出贡献的四种意义信息来源的互动来实现:词语意义与句子结构、有意识的语用参照、认知默认以及社会文化默认。因为语义/语用、句法/语义、句法/语用的接口在话语阐释方面引起了丰富的讨论,因此也产生了各种层次的话语阐释。默认语义学认为,意义信息之间互动的发生先于组合再现的形成,这样可以归纳言语加工过程中接口的作用。换言之,意义的再现可以看作是相关来源的合并。例如,有意识的语用参照有如下几个方面的特点:①语义学决定了默认阐释,形成了有意识的语用推理。②语用学也决定了默认阐释,例如巴赫金水平上的"会话中隐含的意义"。③默认意义具有社会文化传统。根据列维的观点,默认意义可以用三种探索来总结:质量、信息性和方式,这是格赖斯会话准则的发展。尽管与上述三点有类似,默认语义学理论自身的特点也非常突出:首先,它认识、识别、凸显默认意义,有一个"默认语境"构建,即一个默认场景。其次,默认语义学分享了很多理论假设。意义作为对话结构来呈现,包含了来自句法和来自变化的语境信息,而这些有助于意义产生的信息是语义化的。最后,默认语义学把语法作为几个话语条件资源中的一个。

翻译过程中,原文作者是对原语作者的写作,文本中有大量的默认意义,这些语言上的、语法上的和语用上的默认意义就成为翻译中需要阐释的假定意义。从这一点上来看,默认语义学为翻译认知能力研究解释了假定意义的设定方式。

(一)突显假定意义

交际意义中通常有一部分意义既不是来自句子也不是来自推理,而是来自我们的偏好以及我们使其起作用的方式,这种假定的解释被称为默认意义或者假定意义。在话语的阐释过程中,听者在语义单位展开之前就能做出关于意义的假设,而话语的阐释过程也是逐渐展开的。不论是默认语义学还是翻译认知能力都包含下面这些共性问题:定义"默认"的感觉问题;在默认阐释中确定是否允许任何程度上的语境依赖和推理;如何在诸如语义、语用或独立的,或互相联结的关系中对这种默认语义进行分类。默认意义在现象范围内产生,对这些默认意义可以总结出三个启发式的探索:问题性探索、意向性推导和方式性探索。默认意义来自不同的探索,有不同的地位,与假设的探索和推论有关。这些推导和探索表明,听话者并不总是必须经历恢复说话者意图的过程。据此,翻译认知能力就有了充分性翻译能力和创造性翻译能力之分。

(二)明确默认约束

默认解释也要受到句法和语义原则的约束。如果标准是默认意义优先于任何语境的加工,并且不包含任何说话者意图的加工,那么就很难对语法、词汇等进行解释的统一的来源。列维概括了来自不同层次的语义约束原则:语素、词、约束来源以及对句法模式的语用推测。Jaszczolt认为,列维提出的假定意义并不能归结为语义或语用。此外,还有一些理论家主张这些层次事实上应该是语义化的,应该与谈话者意图的非推理水平同化。在翻译过程中,这些意义的精炼可以在局部产生,在句子意义计算之前加工。第一,它们不是格赖斯意义上的推测,因为它们可以局部地产生而不是后命题式的。第二,从局部特点来看,这些精炼几乎不能假设,是无法标记的意义。第三,语篇或者话题连贯原则也要求遵从话语间意义联系的一系列原则。第四,为了解释并为过程建立模式,有一个关于句法的非具体的逻辑形式,这些非具体的逻辑形式与语用偏好相融合产生了信息内容。第五,根据默认语义学,交流中有三种意图:交际意图、嵌入其中的信息意图以及推理意图。言说者依据某些内容来交际,例如根据其心智意图性的强弱。因此,默认阐释也可以根据交际中意图的强弱来解释。当然,经典的格赖斯合作准则也是默认语义学和翻译认知能力的主要内容。

(三)显化默认意义

默认具有多样性,包含折中默认、选择默认、规则约束默认、认知默认、社会文化默认等多个方面。在不同语言文化的环境下,有些默认值需要显化才能让读者真正理解。近年来,显化已成为翻译转换过程中的一个标记,也成为翻译认知能力里重要的一个环节。默认语义学中的语义默认值、心智意向性以及注意程度与翻译认知能力中的识解能力相关,其显化程度与翻译中的辖域、背景、视角、凸显和详略度等有一定的关联。换言之,语言的表现形式与其所强调的心智状态之间具有关联性。诸如信仰、恐惧和怀疑等心智状态被语言外化时就显化了,这种心智状态的特性被称为意向性。不是所有的感觉经验都具有意向性,具有意向性的心智状态才是翻译显化的重点。

从某种意义上来看,默认语义学不仅为翻译认知能力建构提供了一种理论背景,也为后者提供了一种检验手段。翻译中涉及文化默认值、语言默认值和社会默认值等不同方面的默认语义,这些需要译者依靠对生活体验的认知加工来加以展现。

第二节　翻译认知能力的合并再现

一、翻译中的默认参照与合并再现原则

翻译中的默认参照合并再现在古典文学翻译中表现很突出,是进行古典文学翻译必备的翻译认知能力。本节将以《史记》英译为例,阐释并描述其中的默认参照与合并再现原则。

(一)《史记》默认值分类

《史记》是一篇由文言文写成的典籍巨著,语言特点明显。

一是行文简练,多用单音节词,双音节词和多音节词比较少,词类活用现象比白话文多。二是文言文多省略,省去主语、宾语、谓语、介词的情况很常见。三是文言文讲究微言大义,含蓄隽永。由于以上这些特点,《史记》用词精练,有大量默认值存在,但是其默认值出现的情况并不完全一样。根据其在结构、语篇以及文化网络方面的表现形式,作者将《史记》中的默认值分成以下三大类。

1.单值语法默认值

单值语法默认值是指与现代语言相比,古文的词法、句法以及修辞所蕴含的属于语言结构内部的默认值,可以在单句的意义结构网络中进行意义填充,具有一定的结构意义。例如,《史记》中名词、代词省略的情况比较多,这是由古汉语的语言特点决定的,而汉语读者可以根据上下文很容易推测出名词、代词等的所指,这些省略的名词和代词通常在句中做主语或(介词)宾语。

名词、代词做主语时省略的现象在《史记》中非常普遍。例如:"项籍者,下相人也,字羽。初起时,年二十四。"这一句中省略主语是合乎汉语语法的。句中虽未说明是谁二十四岁,但读者可以很容易根据上一句话去判断此句的主语和原文上一句的主语所指为同一人,即"项籍"。汉语中相连的几句话如果主语相同,为了行文简练,后面句子中的主语可以省略,便成为原文的默认值。名词、代词作(介词)宾语的默认值也很常见。在《史记》原文中,(介词)宾语省略的情况也比较多,其中主要包括名词和代词作(介词)宾语省略的情况。例如:"项王即日因留沛公与饮。"此句意为"项王留沛公与他(项王)喝酒",但原文中"与"后并无介词宾语出现,这种情况下,有古文阅读习惯的原语读者可以推测出其中的默认值宾语为项王自己。

2.多值语法默认值

多值语法默认值是指对古文中语篇的结构进行意义填充,具有一定的语篇意义。汉语的一词多义与词类转换现象多属于此类默认值。汉语一词多义现象较多,《史记》中的词类活用更是屡见不鲜,所以为了保证译文质量,译者对原文的一词多义现象与词类转换(也就是多值默认值)要有准确地把握。例如:"闻陈婴已下东阳,使使欲与连和俱西。"原文中"使"出现了两次,但其词性和意义不同,第一个"使"是动词,为使动之意;第二个"使"为名词,为"使者"之意,这就是多值默认值。对于词类转换,要求译者运用变通法对其进行处理才能避免译文出现错译。又如:"沛公欲王关中,使子婴为相,珍宝尽有之。""王"在现代汉语中多为名词"大王,首领"之意,拼音"wáng"。在这个例子中,"王"为动词,拼作"wàng",是"称王"之意。所以"王"也是多值默认值,在翻译中要对其进行变通处理,才能将其意义合并再现。有时候古汉语主语空缺,根据上下文不容易推断,主体在语篇中较为模糊,也具有多值语法默认值的特点,需要循环求证其默认值才能在翻译中进行合并再现。

3.文化背景默认值

文化背景默认值主要包括人物封号默认值、时代背景默认值、民俗文化默认值、礼节仪式默认值、计量单位默认值以及地理名称默认值。《史记》中的人物复杂,封号也较多,不便记忆,所以在出现人物封号时,需要对其背后隐藏的默认值进行显化才便于目的语读者理解原文。例如:"公将见武信君乎?""武信君"是项梁为自己封的称号,前文只提到一次。为了便于目的语读者理解,在翻译时需要将其对应的默认值(也就是与称号对应的人物)进行显化。又如:"高祖时,为陈涉置守冢三十家砀,至今血食。"原文"高祖时"一词,对于我们中国人来说,一看便知是指汉高祖刘邦那个时期。然而目的语读者未必了解中国的汉朝文化,因此,译者需添加背景词将时间背景默认值显化才能达到交流的目的。再如:"吾令人望其气,皆为龙虎,成五采,此天子之气也。"此句中的"望其气"不可按字面意思去理解,而是指中国古代的一种迷信活动,是说观测云气可以得知人事的祸福。这样的民俗文化背景默认值如果不加以处理,就会使译文晦涩难懂。译者需要具备对文化默认值的识别能力才能在翻译中做出正确的解释。

此外,下面各例也表明了显著的文化背景默认值。例如:"今大王亦宜斋戒五日,设九宾于廷,臣乃敢上璧。"该例中的"九宾"在古代是最隆重的礼节仪式,由九个典礼的傧相依次传呼,接引宾客上殿。这个含义是隐藏在文字背后的礼节仪式默认值,如没有对古汉语透彻的理解,就会对其产生误解,译者只有将其文化内涵翻译准确才不至于出现错误。再看下例:"籍长八尺余,力能扛鼎。"原文的"八尺"是中国人使用的长度计量单位,如果把这个单位直接放到译文中,目的语读者也许对这个计量概念的确切所指仍然很模糊,所以译者根据默认值参照原则,将其转化为英语中等长的计量单位,这样更有利于目的语读者理解原文。再如:"君不若引兵疾走大梁,据其街路,冲其方虚,彼必释赵而自救。"该例中的"大梁"是魏国的首都,如不加以解释,目的语读者也很难了解其背景。可以说,对文化背景默认值的识别在某种程度上也是对译者文化认知能力的一种检验。

(二)《史记》默认值英译过程中的参照与合并

以当代译者的英文语言去翻译古典文学作品,对译者是个考验。其困难主要有三点:"一是小说文字简练,二是文字含蓄,三是小说的文字富于古文文采。"古典作品因其文字简练在原文文本符号中隐匿着丰富的默认值,等待读者用阅读体验和生活体验来填充。古典小说文字含蓄,富于古文文采,反映了当时的生活情景以及作者当时的生活体验。译者在翻译时既要注意到还原原文所描述的生活世界,也要对翻译中的默认值提供合理的参照认识。由于古今语言差异以及中英文化差异,古典文学作品中的默认值一般都需要注释才能让目的语读者真正理解和接受。因为"如果没有注释,要概括而准确地描述一个典故的出处或一件器物的形状,颇为费力"。注释可以为默认值翻译提供必要的参照,有利于对原文的描述和理解。对注释的描述也在一定程度上反映出译者的认知能力。

译者在《史记》英译过程中多处采用了注释的方法。例如:"是时范雎亡魏相秦。"At that time Fan Sui had fled from Wei to become the prime minister of Qin. 范雎在原文中只是略略一提,汉语读者对其比较熟悉。然而为了使目的语读者更好地理解译文,译者用加注的方式将范雎的背景文化补充出来:Fan Sui, traveling politician who was humiliated by a minister of

Wei.这就为目的语读者提供了对人物背景的理解参照。又如："博望侯张骞将万骑与广俱,异道。"While Zhang Qian, Lord of Bowang, led ten thousands cavalry by a different route.张骞出使西域的故事对于我们来说并不陌生,然而目的语读者未必了解张骞,译者同样使用了加注的方法对张骞的历史背景和功绩进行显化,这两个方面的参照就增强了读者对译文的理解程度:Zhang Qian was the first Chinese envoy sent on an official mission to Ferghana, Sogdiana and Bactria. He was away for thirteen years.我们仔细分析一下上述两例不难看出,译者对默认值的处理是以文化背景为参照,并且以一种显化的方式进行合并再现。

注释是最为显著的翻译显化合并再现形式。除了注释之外,古典文学作品中的默认值还有其他几种明显的翻译显化形式。"explicitation,即显化的概念是由 Vinay 和 Darbelnet 提出的,指对原语中暗含的,但可以从上下文中推导出的信息在译语中加以明示。20 世纪 80 年代,Blum－Kulka 系统研究了显化现象,提出了著名的显化假设,即显化可能是翻译文本和二语习得等语言中介活动中最普遍性的策略。"翻译显化表现在语言形式方面可以理解为:译文语言更加凸显语法、词法、句法和篇章等层面的准确性和科学性,或者阐释性,更注重读者的阅读期待。

杨宪益与 Glaciys Yang 所译的《史记选》能够在尊重原文的基础上适当地调整译文,他们对默认值的填补实际上就是翻译显化的过程。其目的是:"适应目标语读者'经验'需要,因为原语反映的是原语作者及其写作对象的经验世界,具有独特的文化认知系统和心理架构,但这种独特性往往超越了目标语读者的经验,不包含在其已有的文化系统之中,会对目标语读者的认知带来一定的障碍。"文言文英译一般都会用到显化策略,否则译文中就会出现语义不明、逻辑混乱、文理不通等问题。显化不仅是译者的翻译策略,同时也是译作本身的特点。如 Seguinot 所言,"显化在翻译中的语境应为:在两种语言中有一个译文,不能用结构差异、文体差异或修辞差异来解释。换言之,应有一个不够显性、不够精密、待修改并可以精确修改的文本,而这种准确性的选择是由翻译过程的本质而引起的。"翻译中的语法显化可佐证上述论点。中文的无主语句很多,在汉译英时就要注意显化主语,而英语名词本身没有性与格的变化,译成德语时就要显化性与格,俄语中有些词语不使用冠词,译成保加利亚语时就要显化冠词。又如语义显化,英语中关于亲属关系的称谓一般较为概括,译成外语时就要根据具体的情况选择更具体的词汇,如英语中的"brother"有"哥哥和弟弟"两个意思,在译为外语时就应加以显化。结合《史记》默认值的英译,我们可进一步分析翻译过程中其他各类显化方式。

1. 单值语法默认值翻译

很多情况下汉语特别是古汉语为了词语简练会省略主语,但英语语法中除了祈使句以外,很少有省略主语的情况,所以在汉译英的过程中,译者需要把省略的主语(通常是代词或名词)也就是语法默认值进行显化以达到交际意义。在这种情况下,译者会把相应的主语补充出来形成完整的英语语句。

例如,"髡曰:'赐酒大王之前……'""When I am offered

wine in your majesty's presence."原文中没有出现主语,这是汉语文言文的特点之一,听者或读者可根据原文意思自动识别主语是谁。而英语则不同,英语中很少有省略主语的情况,需要表明主语的指向。译者根据英语读者的语言习惯,将原文中省略的主语(即原文中潜在的默认值)翻译出来,这体现了译者运用增字法对默认值进行显化处理的一种方式。又如,"项梁谓军吏曰:'陈王先首事,战不利,未闻所在。今秦嘉倍陈王而立景驹,逆无道。'乃进兵击秦嘉。""Chen was the first to rise", said Xiang Liang to his officers, "But since he was defeated we do not know what has become of him. Now Qin Jia has turned against him and made Jing Juking. This is vile treachery." He led his men against Qin Jia, and put him to fight. 原文中并未提到是谁进兵击秦嘉,但译文中添加了 He 来填充原文的主语默认值,满足了英文中不能省略主语的要求。

2. 多值语法默认值翻译

汉语一词多义现象较多,文言文中的词类活用更是屡见不鲜。在翻译过程中,译者应根据上下文语篇的具体情况将其隐含的默认值显化。例如,"闻陈婴已下东阳,使使欲与连和俱西。"When he learned that Chen Ying had taken Dong Yang, he sent an envoy to propose that they join forces and advance west together. 原文中"使"出现了两次,但其词性和意义不同,这就是多值默认值。由于谙熟古文的目的语读者毕竟很少,这就要求译者运用变通法对文言文的词类活用进行显化处理,译文中确切地把第一个"使"译成了 sent,第二个"使"译成了 an-envoy,体现了译者对两个词的不同认知,并针对其不同功能对多值默认值进行了变通处理。又如,"沛公欲王关中,使子婴为相,珍宝尽有之。"The Lord of Pei wants to be king inside the pass, with the Qin prince Zi Ying as his prime minister. He will keep all the booty to himself. "王"在汉语中通常指"大王,首领"之意,在古汉语中,"王"也可作动词"wàng",是"称王"之意。译者采用名词动词化的方式在译文中准确地将原文中的多值默认值翻译出来。再如,"荆卿好读书击剑,以术说卫元君,卫元君不用。"Mr.Jing was much given to reading and was expert at swordsmanship, by virtue of which he once recommended himself to the King of Wei, who nevertheless ignored him. "术"一般指技术、技巧、技艺,此处回指上文的读书与击剑,译者用后置介词加上定语从句的方法,并加上反身代词来显化这是荆卿自身的能力素养,与卫元君不用荆卿形成对比。

3. 文化背景默认值翻译

文化背景默认值涉及的内容广泛,比较突出的有人物封号默认值、时间背景默认值、民俗文化默认值、礼节仪式默认值、计量单位默认值和地理名称等。这些在翻译时要根据不同的语境作为参照,采取不同的合并再现原则。

(1)人物封号默认值。例如,"公将见武信君乎?"Are you going to see the lord of Wu Xin(Xiang Liang)? 原文出现的武信君在前文中只提到过一次,所以为了增加译文的可理解性,译者有意在后面补充说明了武信君是指项梁,这种补充说明法也是对原文语篇默认值的显化处理。又如,"广家与故颍阴侯孙屏野居蓝田南山中射猎。"The lord of Yingyin was Guan Ying, a famous general during the reign of the First Emperor. 原文中的

"颍阴侯"是人物封号,其背后隐藏的真实人名未出现。在译文中,作者用注释对其解释,以利于目的语读者通过文化背景更好地理解文章的意思。

(2)时间背景默认值。例如,"高祖时,为陈涉置守冢三十家砀,至今血食。"In the time of Emperor Gaozu of Han, thirty families were put in charge of his grave at Dang, where sacrifices to him continue to this day.原文中的"高祖"一词,对于我们中国人来说,一看便知是指"汉高祖"。然而,目的语读者未必了解中国的汉朝文化,所以只译成Gaozu不能体现出其背景文化。因此,译者选择了添加背景词Han来传文达意,既对原文默认值进行了显化,又达到了交际翻译的目的。又如,"威王八年。"In the eighth year of King Wei."威王八年"是中国古代按朝代的计时,目的语读者很难理解它确切是指什么时候,所以译者通过添加标注的方法进一步解释是371B.C.。

(3)民俗文化默认值。例如,"吾令人望其气,皆为龙虎,成五采,此天子之气也。"I told a man to watch his halo, and it takes the shape of many – coloured dragons and tigers – the halo of an emperor.译者在译文中先将原文"望其气"进行直译,再通过加标注进一步将潜在的默认值进行显化,即 The ancient Chinese believed that over the heads of famous men there sometimes appeared a vapour or halo, which astrologers could detect.目的语读者看到注释后就会理解"望其气"的隐含意义了。又如,"瀛闻晋鄙之兵符常在王卧内。"I have heard that Jin Bi's army tally is kept in the king's bedchamber."兵符"也是古汉语文化的一个概念,只译成tally读者并不能理解其用途,所以译者选择了加

注的方式对其文化内涵进行显化：A tally consisted of two halves；and the ruler would give one half to the general，keeping the other half himself.When orders were sent to the army，the general could test their authenticity by seeing whether the half of the tally brought by the envoy fitted his own or not.通过这样的解释，读者不但能理解兵符的概念，而且还知道其用法。

4.礼节仪式默认值

例如，"今大王亦宜斋戒五日，设九宾于廷，臣乃敢上璧。"So it is only right，great king，that you too should feast for five clays arid then prepare a grand court reception.Only then could I hand it over.该句中的九宾是古代隆重的礼仪，表示由九个典礼的傧相依次传呼接引宾客上殿。译者用prepare a grand court reception来翻译这一庄重的礼仪，同时考虑到语言的经济性原则，用grand加以显化。一般情况下，翻译过程中的显化在形式上比原文长，但有时候内容上的显化也可借助文外注释等方式来体现，或者借助读者的认知体验来体现，所以形式上采用表示计量意义的大量形容词来描述认知默认值，也就是在翻译中以框架代场景，也是一种做法。

5.计量单位默认值

例如，"长不满七尺。"He was less than five feet tall.原文的七尺是中国人传统上使用的长度计量单位，如果把这个计算单位直接放到译文中，目的语读者也许会对七尺这个概念很模糊，不知道到底有多长，所以译者将七尺转化为英语中与其等长的计量单位five feet。又如，"于是齐威王乃益赏黄金千镒。"Then King Wei gave him one thousand yi of gold.镒是中国古代汉语的重量单位,译者首先用"镒"的拼音形式 yi 将其直译,再通过注释的方式进一步解释,即 One catty equals sixteen taels;one yi equals twenty taels.

6.地理名称默认值

《史记》中地名出现颇多,对于地理名称默认值的显化有助于目的语读者更好地理解译文。例如,"西破强楚,入郢。"In the west he defeated mighty Chu,entering Ying.郢是楚国之都,然而原文并未提及郢在楚国是什么地位。根据上文,孙子已带兵攻破楚国,进入郢。而攻进一国的首都意味着此国已危在旦夕。如不加以解释,目的语读者就不能理解到这层含义。所以译者在译文中加了注释来说明郢是楚国的首都:The capital of Chu.又如:"意有所出,则长城之南,易水以北,未有所定也。"If the king of Qin wished to extend his borders cast wards,he can take all the land south of the Great Wall and north of the Yi River.古时,一些国家的划分以河流为界,有些支流并不著名,目的语读者未必理解。为了避免这种情况,译者使用标注来说明易水以北是指燕国 north of the Yi River:the State of Yan。由于读者前面已经了解燕国了,所以就不会对易水感到模糊。

(三)默认值英译合并再现原则

1.语法原则

这种翻译显化是由于中英文之间的语法差异引起的。当译者面对语法差异时,必须将原语中隐含的规则显性拼写出来。由于存在数量相似性、顺序相似性和标记相似性方面的差异,《史记》的中文相对来说有较大的槽孔值,含有丰富的默认空间,而其英译则受抽象语法原则的约束更大。《史记》原文中单值语法默认值的省略,在翻译过程中都应有义务进行显化。这种合并再现具体表现为在单句的意义结构中,对主语、宾语等语义角色进行意义填充。

2.语义原则

这种翻译显化是基于翻译的语篇性。对于《史记》中的多值语法默认值,特别是一词多义现象,译者的翻译过程很接近解释性的循环论证:"有待理解的局部意义存在于整体之中,整体与部分之间具有某种相互规定和制约的关系,文本的意义就形成于部分与整体的不断循环之中,这样理解与解释的过程就是不断从整体到部分、又从部分回到整体的循环过程。"在翻译过程中,有时来自字典的释义并不能完全表达特定语境内的词汇内涵,因为字典上的这种语义一般是剪掉上下文、离开语篇、较为孤立地出现的。还有些时候语法正确的译文句子并不能完全表达原文的风格。所以,在翻译中可以通过选择不同的翻译视角来显化语义。

3.语用原则

这种翻译显化是由于目标语和源语受众所分享的文化世界之不同而引发的,特别体现于译者为了解释源语文化中的具体概念而增加的语言材料。《史记》中的文化背景默认值主要分成六个方面,这六个方面隐性的文化信息在翻译中需要进行显化,因为目标语文化世界的读者可能不会共享源语文化中的常识。如村庄名、河流名以及饮食等相关词汇在源语文化中被普遍认识,而在目标语文化中可能什么含义都没有。在这种情况下,译者通常需要在译作中加以语用解释。《史记》译者对文化背景默认值的处理正是基于语用原则。译者通过增字法、说明法和注释法对原文中的人物、时间、民俗文化、礼节仪式、计量单位以及地理名称的处理,都体现了译者在翻译过程中为了达到译文效果,在语用原则的指导下对原文默认值所进行的显化。

4.认知参照点原则

这种翻译显化是译者的认知参照点在翻译之概念图示中的凸显。"译者对原文语篇的理解和译文语篇的结构分析常常是在认知参照点的引领下进行的,认知参照点对译文语篇主题有引领性。"换言之,译者根据认知参照点形成一连串的视点,将语篇视为一个多重互动的关系网络,进行局部与整体的组合聚合,形成语篇连贯。"没有哪个语篇生来就是连贯或不连贯的。归根到底,这要取决于接受者,取决于他能否解读存在于语篇中的各种指征,以便最终设法按他觉得连贯的方式理解该语篇。"也就是说,认知参照点为译者提供了一种认知统领的翻译衔接方式。认知参照点作为一种基本的认知能力对翻译语言具有一定的解释力,尤其对于分析第三人称代词的回指有很大的帮助。在《史记》汉译英过程中,译者通过对源语认知框架的心智加工,在认知参照点的引领下组织思路,填充原文的主语默认值或者进行翻译文体的自然显化,达到了译文的通顺和连贯。

上述四个显化方式原则中,语法原则和语义原则凸显了语法约束和语义定位,是一种内外位的义务性显化。语用原则凸显了翻译的体验性,从生命体验到生活体验,在主观世界和客观世界之间进行合理的阐释与描述。认知参照点原则是一种翻译的内在显化,可以定位于翻译过程本身的性质,反映出译者的认知过程。

通过对《史记》英译过程中默认值处理方式的分析可以看出,文言文中有大量默认值的存在,并且属于不同类别。为了实现理想的翻译效果,原文中的默认值,也就是暗含信息,需要通过显化的方式进行合并再现。否则,源语使用人群共享的文化知识在目标语中形成的落差会导致目的语读者无法理解译文所描述的具体情况。

我们的研究表明,译者对原文默认值的显化有助于激活目标语读者的认知框架,使译文对目标语读者产生的效果和原文对源语读者产生的效果相同。译者对默认值的显化可以采用不同策略,译者可以在忠实于原文的基础上,根据原文意思灵活地运用增字法、补充说明法、变通法和注释法等对潜在的默认值进行显化。此外,译者对默认值的处理也是有认知基础的,对主语名词、代词、宾语名词、代词等默认值的显化是基于语法原则,多义词的翻译则要依据语义学基础和语境分析,而对于文化背景默认值的显化是基于语用原则来实现。同时,译者是在认知参照点的引领下理解源语语篇并激活认知框架,进而选择合适的词语来提高译文质量。

二、翻译中的默认意义与认知识解

(一)默认值识解的分类

1.语言语境约束下的默认值

这是指受限于古文语法的特点、古典文言与当代语言之间的差异所形成的语法默认值。主要表现为以下几个突出类别:第一,施事默认值。例如,"为人蕴藉,工诗。""落拓不得归,寓菩陀寺,佣为寺僧抄录。"这些句子中的施事者是主人公,描述了孔雪笠初到天台时的境遇,虽然这些句子都省略了主语,但是读者根据上下文的默认语境可以填补出主语,而这样的施事默认值有很强的语境约束性。第二,受事默认值。例如,"又呼水来,为洗割处。"这是写娇娜为孔生割除身上腐肉的过程,施事者是娇娜,受事者则不同,补充其默认值为:"(娇娜)又呼(僮)水来,为(孔生)洗割处。"这里的受事默认值也有很强的语境敏感性。第三,处所默认值。例如,"偶过其门,一少年出,丰采甚都。"此处是指孔雪笠经过单先生家门口,因为上文有提到单先生家族背景,此处将处所默认值省略了。第四,方式默认值。例如,"未几,割断。"这里是说娇娜用刀割断孔生身上的腐肉。上文已经提到了"解佩刀,刃薄于纸,把钏握刃,轻轻附根而割"。此处省略了所使用的刀具,是方式默认值。另外,还有表示对象、结果、目的、原因、时间、致使的默认值,在整部小说中屡次出现。这些语言语境约束下的默认值虽然所涉及的内容不同,但都体现出极强的语境约束性。

2.身体语境约束下的默认值

这是指基于个人身体经验(或者是个人体验)基础之上的语境约束下的默认值。例如,个人的听觉体验、视觉体验、心理体验等生命体验和生活体验所形成的固有心理模式对特定情境的识解型式。《娇娜》中涉及此类体验的例子很多。第一,视觉体验。例如,"一日,大雪崩腾,寂无行旅。"此处是描述雪后人迹稀少的情境。原文只给了一个框架,译者可以根据自己的生活体验对此框架进行默认值填充,并将场景可视化。不同的译者在雪天所见的场景有差异,对人迹稀少的识解也会不同,因此对此处默认值的填充也会不同。第二,听觉体验,例如,"僮入曰:'太翁来'。"这一场景中的通报语究竟该如何识解,不同的译者会将其还原到各自的生活体验中,依据自己的听觉经验来进行分析。第三,触觉体验。例如,"少年先起,入内,生尚拥被坐。""拥被而坐"就可能涉及译者不同的触觉体验。第四,嗅觉体验。例如,"把握之间,觉芳气胜兰。"不同的译者对"芳气"也会有不同的体验。从这些人类最基本的生命体验和生活体验来看,虽然在生命体验层面,人类的识解方式有共同之处,但是从生活体验来看,每个个体所处的环境有差异,而每个个体的身心体验也有差异,所以当译者对原文这些体验性描写进行解读时,其对原文现实的认知就会受到身体语境的约束,并以此为基础进行默认值填充。

3. 社会语境约束下的默认值

这是指译者个人与社会之间的联系也会对识解行为产生影响。例如,译者本身的身份、职业、对文学作品所起到的社会功能的认识等都会对其理解文学作品产生一定的影响。在文学翻译过程中,出版社、赞助商、主流诗学以及意识形态等因素也会对不同的译者产生社会语境约束。以《娇娜》的英译为例。1926年的翟理斯译文深受当时社会语境的影响,译者的语言默认为古典派,学究气很浓,并且努力作注释,这是以原文理解为导向的翻译。当其时,正是中国文学外译的初始阶段,强调努力保持中国文学原貌,这些潜移默化地传递给译者的默认值信息将会影响其识解方式。几十年以后,中国文学"走出去"的活动已经积累了很多经验,加上国家政策的支持(如"熊猫丛书"海外版的发行),文学翻译中涉及的读者因素越来越受关注,体现在译文语言上则更加生动、流畅而简约,充分考虑译文要实现的社会功能,这反映了社会语境默认值对译者的影响。

4.储存的知识提供的默认值

除了由于个体生活体验差异所形成的认知识解差异,个体储存的知识所提供的默认值也不相同。在《娇娜》的主要6个译本中,既有外国,也有我国的译者。他们对中国古典文学的知识储备是不一样的。另外,这些译者对中国文化的了解有多少,是否熟悉文化典故,是否理解中国文学隐喻,对中国的民俗学、文化学、语言学是否具备一定的研究基础,对其翻译行为都会产生影响。已有研究者指出翟理斯译本对中国文学的误读,这与其知识储备不足有一定关系。

(二)默认值识解的合并再现

不同的译者对默认值的识解不同,体现在英译策略上也有差异。本书选了《娇娜》一文的六个英译本,以具体的翻译实例来分析不同译者的默认值识解策略及其在翻译过程中的合并再现。

1.详略度

Langacker 认为,"不同识解的形成对外界观察的详略程度密切相关,人们可从不同精确程度和详略程度来认识或描写一个事体"。在翻译过程中,不同译者对原文识解的详略程度也有差异。例如,《娇娜》小说的第三句话:"有执友令天台,寄函招之。生往,令适卒。落拓不得归,寓菩陀寺,佣为寺僧抄录。"六个译者分别译成表4-1中所示的译文。

表4-1　《娇娜》第1处译文比较

译文 1	His fellow－student who was magistrate at Tiantai wrote him a letter asking him to join his staff.But on his arrival,he found his friend had just died.So he was stranded there without money to go home,and had to make his abode in Putuo Temple where the monks employed him to do copying work(Lu).
译文 2	A fellow－student,to whom he was much attached,became magistrate at Tiantai,and sent for Kung's to join him.Unfortunately,just before Kung arrived his friend died,and he found himself without the means of returning home;so he took up his abode in a Buddhist monastery,where he was employed in transcribing for the priests(Giles).
译文 3	A close friend who served as magistrate of Tiantai district summoned him by letter.Kong arrived only to find that the magistrate had just died.This left him down－and－out and without the means to return,so he kept up in Potala Monastery,where he was employed copying sutras for the monks(Denis).
译文 4	An intimate friend of his,the magistrate of Tiantai County in Zhejiang Province,wrote to Kong inviting him for a visit.Unfortunately,his friend died just before Kong arrived.As he had spent virtually all his money,he was too poor to return home.So he had to lodge at Putuo Temple,where he copied Buddhist scriptures for the monks in order to support himself(Mo).
译文 5	His friend,who became the magistrate of Tiantai,sent Kong a letter inviting him for a visit.When Kong arrived,however,the magistrate had just died.This put Kong in difficulties,for he had not enough money to make his way home.So he took up his abode in Putuo Temple,where he was hired to do clerical work by the monks(Xu).
译文 6	His good friend,a magistrate of Tiantai County in Zhejiang Province,wrote to him,inviting him to be his guest.Xueli went,only to find on arrival that the magistrate had just passed away.Left with no money to feed or clothe himself,or to return home,he was plunged into poverty.Finally,he found shelter in Putuo Monastery,employed by monks to copy the scriptures(Zhang).

　　就字数来看,六个译文分别是56个词、56个词、51个词、65个词、62个词、66个词。从内容来看,译文4、译文5、译文6在关键处都比译文1、译文2、译文3详细。例如,"寄函招之"的翻译,前三个译文分别强调动作:join his staff,join him 和 summon him,后三个译文分别是动作与结果:invite him for a visit 和 invite him to be his guest。而"落拓不得归,寓菩陀寺,佣为寺僧抄录"的翻译,前三个译文在层次上不如后三个译文分明,译文4、译文5、译文6都是先用一个句子描述原因,然后另起一个句子描述结果。译文4用了 As 分句和 So 分句,译文5用了 for 分句和 So 分句,译文6用了表示时间延续性和层次性的 Finally 分句。而对于"佣为寺僧抄录"的翻译,译文1和译文2都非常简略,译文3~6的翻译都比较详细。这些译文细节上的差异反映了译者观察事物的详略度的差异,也反映了他们识解事物时在方式上的不同偏好。

2. 视角

视角是指个体从哪种角度来看待事物和描述事物。从表层来看,视角的变化反映的是语言的起语特点不同以及描述立场的差异;从深层来看,视角的变化则与认知框架所形成的空间概念有关。例如,《娇娜》小说中有一句诗词引用:"曾经沧海难为水,除却巫山不是云。"对此,六个译者的译法各不相同,如表4-2所示。

表4-2 《娇娜》第2处译文比较

译文1	To him who has been to sea, rivers and lakes are nothing; Only the clouds over Mount Wu may be considered clouds(Lu).
译文2	Speak not of lake and streams to him who once has been the sea; The clouds that circle Wu's peak are the only clouds for me.The poem was written by a famous poet, named Yuan Chen, A.D.779—931(Giles).
译文3	These streams seem nothing since I've crossed the vastness of the sea; None other than Witch Mountain mists are truly clouds to me.This lines of a poem is written by the Tang poet, Yun zhen(779—831), lamenting his deceased wife(Denis).
译文4	Don't mention streams to him who has once seen a great ocean; The clouds over Mount Wushan are the only true clouds(Mo).

译文5	Don't mention streams to him who has once seen a great ocean;The clouds over Mount Wushan are the only true clouds(Xu).
译文6	No water wide enough when you have crossed the sea;no cloud is beautiful but that which crowns peak(Zhang).

译文2和译文3都采用了第一人称的视角,译文1、译文4、译文5采用了第三人称的视角,译文6采用了第二人称的视角。根据距离相似性原理,第一人称描述的体验离叙述者最近,第二人称稍远,第三人称最远。这样自然在翻译中形成了主客体关系之间的差别。译文中使用第一人称最具主观性,使用第三人称最具客观性,自然产生了认知视角上的差异。

3.背景

Langacker认知语法中提到的背景是指"理解一个表达式的意义或结构需要另外一个或数个表达式的意义或结构来作为基础"。Croft & Cruse 在论述关于识解语境约束理论时曾提到"储存知识所提供的默认值",这也是指理解一个语言现实需要一个或者数个社会语言文化背景。这种需求在翻译具有文化传承意义的传统文学典故、诗词曲赋等作品时尤为明显。

例如,《娇娜》小说一开始写书生孔雪笠刚进单先生府第,"一眼瞥见案头有一册书,名字是《瑯嬛锁记》"。六个译者对《瑯嬛锁记》的翻译如表4-3所示。

表4-3 对《瑯嬛锁记》的翻译

译者1	Miscellaneous Notes on Langhuan Paradise(Lu).
译者2	Jottings from Paradise(Giles).
译者3	Random Notes from the Land of Langhuan(Denis).
译者4	A Miscellaneous Account of Langhuan Fairyland(Mo).

译者5	A Miscellaneous Account of Langhuan Fairyland(Xu).
译者6	Langhuan Notes(Zhang).

六个译者对"锁记"的翻译采取了不同的策略,分别翻译为"注释、笔记 Notes、杂记 Miscellaneous Account 和随感、略记 Jottings"。这三种类型的翻译策略各有侧重点:Notes 与注释、笔记的概念更加相关,Miscellaneous Account 则有大而全的意义,Jottings 突出简略、随意之意。

原文中提到的《瑯环锁记》疑似从《瑯环记》虚拟而来。《瑯环记》为一本中国古典小说,为元代伊士珍撰写,也有研究表明这本书其实是明朝人桑怿伪托。全书共三卷,第一篇就记载了瑯环福地的传说,所以全书以《瑯环记》命名。由于书中记载了很多荒诞故事或神话传说,所以很像《山海经》。《瑯环记》中的主要人物和故事已经成为中国传统节日里的装饰彩绘,也成为某些文化史料和文学作品中的批注。本书节选这一段写的是孔生初遇少年,感觉非常新奇,此少年丰采甚都,谦和有礼而好读书,只是不追求功名利禄,不读八股时文,所以少年所读的书也不是正统文学。也许为了避免文字官司,作者虚拟了《瑯环锁记》这一书名,旨在表明少年读书之奇。对于"瑯环"这一虚构地名的翻译,六个译者三个策略,一是不凸显,直接音译为 Langhuan;二是凸显仙境之意,翻译为 Langhuan Paradise 或者 Langhuan Fairyland。相比之下,两个外国译者翟理斯和丹尼斯的翻译较为简略,不凸显 Langhuan 的文化背景,而我国的译者对这一文化背景的翻译较为显著,这与译者的文化认知惯例和文化认知能力有一定联系。

4.突显

在Langacker认知语法中,突显是指个体有确定注意力焦点的能力,这种能力基于认知参照点,并受到注意力原则的制约。在描述突显时,Langacker用了侧面和基体、射体和界标等概念来描述突显和不突显事物之间的关系。如果我们将描述事物的动态过程再考虑进来,则可以进一步分析在事物链上不同参照点所形成的关于过程和结果之间的突显差异。例如,《娇娜》中有这样一个情节:"昧爽,即有僮子炽炭火于室。少年先起入内,生尚拥被坐。僮入曰:'太翁来。'"六种译文分别如表4-4中所示。

表4-4　《娇娜》第3处译文比较

译文1	At dawn,he saw a lad lighting a charcoal fire in the room.The young man got up first and went into the inner part of the house.Kong was still sitting in his bed with a quit around him when the lad came in to announce the old master of the house(Lu).
译者2	In the morning a lad came into light the fire;and the young man,rising first,went into the private part of the house.Mr.Kung,was sitting up with the bed—clothes still huddled round him,when the lad looked in and said,"Mater's coming"(Giles).
译者3	Just before dawn,a servant boy lit a charcoal fire in the room.The young man got up first and went into inner quarters,while Kong sat huddled under the covers.The servant came in to say that the old gentleman was coming(Denis).
译者4	At dawn,a servant boy brought in a charcoal heater.Huangfu was the first to arise.He went into the inner apartment.Kong was still sitting in bed with a quilt around him.At that point,the boy appeared again,announcing,"Our Old Master is coming!"Kong was taken aback and jumped up at once(Mo).
译者5	At dawn,a houseboy brought in a charcoal brazier.Young Huangfu had got up first and gone to the back of the house while Kong was still sitting in bed with a quilt around him.The houseboy then came in to announce,"The master is here!"Astonished,Kong got up(Xu).

续表

译者 6	Early next morning,a servant boy came in to light the charcoal fire.The young master got up first and went into the inner room,while Xueli sat on the bed wrapped in a quilt.When the boy announced,"The master's here,"the surprised Xueli jumped out of bed(Zhang).

在上述六种译文中有三种突显方式。从突显对象来看,译文1和译文3是突显了说话者,即男仆的动作,所以将原文的直接引语变成了译文的间接引语。这是以男仆作为认知参照点来进行翻译的结果。其他的译文则是以太翁来这一事件作为认知参照点,从男仆自然过渡到太翁来这一事件。但是就"太翁来"这一事件不同译者的描述也有差异,有的译者突显动作过程,用了coming,有的译者突显动作的结果,用了here。不过,不管是突显哪一点,各个译者都是紧紧围绕一个动作链来进行描述的。

(三)默认值识解的英译原则

由上述默认值识解英译的策略来看,六个译者在对原文进行最优化再现的方式上表现出不同的理性行为。不过,这种理性行为受到译者认知能力的约束。就默认值识解这一项来看,译者所使用的策略是涉及一小部分信息的、不足够稳定的个人体验。我们可以用认知模型理论作进一步的解释。认知模型理论曾将认知策略分成三个主要的认知原则:①经济性原则。即由于短期记忆能力,决策者操纵一小部分信息。②可靠性原则。不论是个人标准还是社会标准,为执行决策的信息加工在质或量上必须要足够大。③灵活性原则。就信息加工而言,决策者在相对较短的注意时间内、在一系列的变化之后做出的决定[1]。

---

①胡朋志. 翻译能力的自然化研究 生物认知视角[M]. 杭州:浙江大学出版社,2016.

从默认值的识解翻译来看,六个译者在经济性原则和灵活性原则方面表现出差异,但在可靠性原则方面体现出共性。就差异来看,译者认知参照点的位置不同将会在翻译中的突显、特别关注域的扩展等方面产生差异,而对于翻译中是否使用亚原则(例如注释)、是否增添一个理解的前提或者假设(如分层次的原因、结果),或者是否移除一个前提或者假设,不同的译者有不同的方式,这就形成了其在翻译灵活性原则上的多样化。但就翻译活动本身的认知理解特征来看,最后的结果是体现在语言表征上,而"某些最初的领域特殊性的制约引导着逐渐建立领域特殊性的语言表征,一旦被重新描述,这些表征变成了可用于领域一般性的过程"。从认知参照点来看,不论译者的注意力聚焦于动作还是结果,都是在事件链上的连续环节,不脱离整个事件链或者认知域,因此不同译者的翻译在可靠性原则方面体现出共性。

如果结合认知语境约束原理来分析,译者在语言语境约束下的默认值方面也体现出共性,但是不同译者在身体语境、社会语境和储存知识方面体现出差异性。在实际的翻译过程中,对于充满大量默认值的古文文本,译者要通过意义网格之间的联想和激活使其默认值在翻译过程中产生作用。我们把在这一过程中译者所体现的认知原则进一步划分为两大类:第一,经验驱动的原则。这是指译者在"现实—认知—语言"的身心体验基础上所形成的翻译认知体验。例如,认知域的转换体验:从输入空间到输出空间,从一个概念域到另一个概念域,从框架到场景,从场景到场景,从框架到框架,从场景到框架。第二,认知驱动的原则。这是指由高层认知修改而引发的知觉调整。例如,认知域的补偿体验:同位补偿、分立补偿、异位补偿、生活体验补偿、生命体验补偿等。

通过以上的分析可见,翻译中的默认值识解既体现出翻译共性和认知共性,也表现出体验性差异和认知策略差异。但其经验驱动的原则和认知驱动的原则非常显著,并受到语境约束的影响。

第三节 翻译认知能力的评价

一、翻译词汇认知能力评价

译者的研究一直是翻译学关注的热点问题。本雅明的《译者的任务》、哈蒂姆的《语篇与译者》、鲁宾孙的《译者的登场》,分别从哲学、语言学、心理学等领域介入译者的研究。从早期的译者的主体性研究到当代的译者风格文体研究,都致力于描述译者在翻译过程中所做的种种努力。随着当代认知语言学的发展和语料库语言学的兴起,对译者的研究也逐渐从定性研究向定量研究过渡,语料库对翻译研究的作用也日益突显。"从研究的应用领域来看,语料库研究方法主要研究翻译产品,首先通过定量研究方法确定译文中系统而稳定的现象及规律,并结合定性方法以进行有效的解释和阐明。"[1]语料库应用于翻译研究的主要特征是:考察真实的语料得出相对有

---

①陈吉荣,刘妍. 翻译中不同语言习得背景译者的词汇组织功能——一项基于文科与工科学生译文语料的选词差异研究[J]. 湖州师范学院学报,2011,33(06):101-104+121.

限的结论。语料库对翻译教学的启发意义尤其突出,因为通过语料库收集的是真实的翻译文本,加强了对真实语料的重视,可以让师生对翻译过程中学生的识解偏好有更加客观的认知,启发学生从认知体验上分析自己的翻译行为,通过这种带有行动研究性质的翻译分析过程,帮助学生使用自然的语言来进行翻译训练。

(一)语料库翻译学简介

早在 1993 年,英国学者 Mona Baker 创立了"语料库翻译学",这可看作语言库翻译研究途径的开端。这种翻译研究方法的宗旨是:揭示翻译文本作为沟通媒介的本质,明确译者在翻译过程中的某些共性特征,如简略化、明晰化、规范化、平整化。此后,关于翻译共性和译者识解偏好的研究不断向前推进。如 Susan Huston 就指出:"特定译者的文体偏好会对目的语篇产生影响,基于语料库的翻译教学研究已经成为语料库翻译研究的主要方面。"此后,一系列应用于翻译教学的语料库研究也应运而生。国外的语料库翻译研究也带动了国内相关研究的发展,主要集中在六个方面:译本比较;译者风格比较;具体语言结构翻译的比较;具体词汇翻译的比较;翻译教学研究;翻译人才培养。

其中,语料分析应用于翻译教学的研究也越来越得到研究者重视。根据作者统计,在近几年的翻译教学研究中,基于语料分析和学生翻译真实用法的翻译教学研究模式呈稳步上升的趋势,逐渐赶超传统翻译研究,在速度、合作程度、一致性、时效性、专业性、方式与工具等方面越来越显示出优势,也给翻译教学研究带来新的理论研究思路。翻译教学研究的另一发展趋势是,不再局限于英语专业(含翻译专业或翻译方向)的教学研究,非英语专业的翻译教学研究也在不断拓展。如王金波的研究表明,非英语专业本科生对翻译课程兴趣浓厚,怀有明确而实用的动机。他们希望开设更多密切结合自身需要的课程,采用以学生为中心的教学方法,加强教学材料的真实性。

由于翻译本身就有跨语言、跨学科的性质,翻译教学的应用性导向也逐渐促进各类翻译教学之间的并生互动。翻译对学生的语言能力和翻译能力的双向需求也使得翻译教学逐渐隐化学科壁垒。在现有的翻译教学研究中,基于英语专业学生的翻译教学研究和基于非英语专业学生的翻译教学研究均取得了一定成果,如魏清光、丁卫国"面向理工科研究生的'语义-语用'翻译教学模式建构",钱春花"基于心流理论的体验式翻译教学对翻译能力的作用分析",王立非"高校《机辅商务翻译》课程建设及教学系统的研发",李德超的翻译语料库研究和TAPs翻译研究,还有研究者关注布莱恩·哈里斯的"自然翻译"教学理论。中外研究者对翻译教学中学生的学习态度、学习过程、学习目标等都有细致的研究。本节试图在现有研究的基础上,从翻译中词汇的组织功能这一角度,对英语专业(文科生)和非英语专业(工科生)的翻译行为作比较研究。

本节通过课堂定时翻译来分析不同语言习得背景的学生在翻译中的词汇组织功能。研究选择英语专业大学二年级的本科生两个班60人,非英语专业大学二年级的本科生两个班60人。不论是英语专业还是非英语专业的学生此前都没有接受过翻译技巧的训练,也没有上过翻译课。定时翻译共两次,每次为30分钟。第一次是翻译客观选择题,第二次是翻译主观实践题。翻译客观选择题的结果差异很明显,工科班的及格率为11.50%,文科班的及格率为34.82%,文科班有4.46%的极高分段,工科班没有,而工科班有2.65%的极低分段,文科班没有。文科班和工科班在及格线附近的人数比较接近,工科占53.09%,文科占58.92%。这一统计结果初步显示,文科班学生和工科班学生在对译文语言的理解方面存在差异。若除去比例很小的最高分段和最低分段,总体来看,文科学生与工科学生在翻译客观选择题上的理解很接近。由于这是全部客观选择题的翻译测试,尚不能全面反映学生在具体语言层面的翻译组织差异,所以本节设计了另一个翻译主观测试的定时翻译研究。通过主观题定时翻译的对比研究,本节主要分析两个方面:从词汇组织功能看语言能力和从词汇组织功能看翻译能力。具体的研究问题主要有三个:翻译中不同语言的习得背景是怎样影响在校生的翻译理解的?是否认知能力的提高可以引导学生进一步做好定时翻译?在定时翻译中谁的创造性更高,是英语专业学生还是非英语专业学生?

(二)从译文词汇组织功能看语言能力

课堂定时翻译的主观题部分选择了老舍的散文《小麻雀》的片段,以译林出版社出版的刘士聪的英语译文为参照,内容如下。

中文:雨后,院里来了个麻雀,刚长全了羽毛。它在院里跳,有时飞一下,不过是由地上飞到花盆沿上,或由花盆上飞下来。看它这么飞了两三次,我看出来:它并不会飞得再高一些。它的左翅的几根长翎拧在一处,有一根特别地长,似乎要脱落下来。我试着往前凑,它跳一跳,可是又停住,看着我,小黑豆眼带出点要亲近我又不完全信任的神气。我想到了:这是个熟鸟,也许是自幼便养在笼中的,所以它不十分怕人。可是它的左翅也许是被养着它的或别个孩子给扯坏,所以它爱人,又不完全信任。

英译文:As soon as the rain stops, a young sparrow, almost full-fledged, comes to the courtyard.It hops and flutters, up to the edge of a plant pot or back to the ground again.After it has fluttered up and down a couple of times.I realize that it can not fly any higher as the plumes on its left wing have got twisted, and one sticking out as if about to come off any moment.Where I make an attempt to move toward it, it hops off a bit and stops again, staring back at me with its small, black-bean-like eyes that have a mixed look of wanting to be friends with mc but not sure that I am a friend, It occurs to me that it must be a tame bird, having been caged perhaps since it Was hatched.No wonder it does not bother much about my prcsence.As its left wing has been injured by its owners or some other kid, there is distrust in its look though it shows some intimacy with man.

这一段原文的文字生动活泼,充满生活情趣,需要仔细斟酌才能译好。定时翻译可以反映学生在单位时间内的语言运用能力和翻译认知能力。研究要求文科班和工科班的学生在没有任何准备的情况下,在课堂上独立完成段落翻译。然后,回收学生的译文,手动输入电脑,将学生在课堂上的定时翻译英译文做成两个学生译文语料库,检索关键词、词块、同语搭配,通过语料分析不同索引词的侧面。研究发现,文科学生和工科学生在词汇组织功能上有很大差异。

1.词频重复率比较

文科学生与工科学生的词频重复率有差异。根据 AntConc 索引软件的统计显示,文科学生译文语料的类符/形符比为 7.5%,工科学生译文语料的类符/形符比为 9.0%。语料库中的类符与形符之比可以反映译者使用词语的词汇密度,从而在一定程度上反映翻译过程中译文语言的丰富性。上述统计数字表明,文科学生在译文的语言使用密度上稍低于工科生,在语言的丰富性上稍高于工科生。要具体来看文科生和工科生的单词重复频率,我们可以各自选取两个语料库种分别排在前100位的高频词语作详细比较。由于篇幅有限,本书只列出前84位高频词汇的详细清单,详见表4-5。

表4-5 文科生与工科生高频词汇比较表

排序	频次	单词（文）	排序	频次	单词（工）	排序	频次	单词（文）	排序	频次	单词（工）
1	473	the	1	494	it	43	48	black	43	47	some
2	456	it	2	377	the	44	48	times	44	45	But
3	322	to	3	302	to	45	47	little	45	44	can
4	202	of	4	205	a	46	47	some	46	44	eyes
5	191	its	5	205	I	47	46	feather	47	44	rain
6	183	I	6	152	me	48	46	So	48	44	so
7	182	a	7	140	but	49	46	so	49	42	higher
8	170	and	8	139	in	50	45	cage	50	42	one
9	151	in	9	129	or	51	45	rain	51	40	maybe
10	148	me	10	124	is	52	45	there	52	39	close

排序	频次	单词（文）	排序	频次	单词（工）	排序	频次	单词（文）	排序	频次	单词（工）
11	141	that	11	124	t	53	44	can	53	38	with
12	140	but	12	121	of	54	43	air raid	54	37	black
13	140	was	13	120	fly	55	42	close	55	36	cage
14	130	or	14	119	It	56	42	down	56	36	feathers
15	119	wing	15	115	and	57	42	together	57	36	some-times
16	115	from	16	115	tis	58	39	human	58	36	which
17	114	left	17	107	from	59	39	other	59	32	afraid
18	112	not	18	104	was	60	38	stopped	60	32	two
19	93	people	19	103	left	61	36	edge	61	30	flying
20	91	sparrow	20	97	people	62	36	for	62	30	jumping
21	91	with	21	95	yard	63	35	several	63	30	stopped
22	89	fly	22	87	not	64	35	then	64	30	three
23	88	is	23	87	that	65	35	tried	65	29	off
24	84	t	24	87	wing	66	33	flying	66	28	all
25	81	It	25	76	long	67	33	off	67	28	believe
26	80	yard	26	71	flower-pot	68	32	children	68	28	other
27	79	long	27	69	s	69	31	may	69	28	there
28	75	be	28	64	spar-row	70	31	them	70	28	tried
29	70	ground	29	62	bird	71	29	but	71	27	com-pletely
30	66	at	30	60	ground	72	29	fall	72	27	jump
31	64	by	31	59	at	73	29	maybe	73	27	nimble
32	64	which	32	58	feath-er	74	28	feath-ers	74	26	did

排序	频次	单词（文）	排序	频次	单词（工）	排序	频次	单词（文）	排序	频次	单词（工）
33	62	After	33	55	After	75	28	who	75	26	he
34	61	flower-pot	34	55	by	76	27	completely	76	26	together
35	60	jumped	35	55	So	77	27	very	77	25	on
36	57	bird	36	51	be	78	26	loves	78	24	very
37	56	trust	37	51	jumped	79	26	twisted	79	23	out
38	55	higher	38	50	trust	80	25	came	80	23	see
39	55	just	39	49	down	81	25	flied	81	23	try
40	53	one	40	49	flew	82	25	jumps	82	23	up
41	53	sometimes	41	49	times	83	25	seemed	83	22	children
42	51	eyes	42	47	just	84	25	this	84	22	flied

由表4-5可见，从整体上来看，在双方各自重复率很高的前100词中，文科学生的译文里有16个词没有在工科学生的译文中重复，工科学生的译文中有3个词没有在文科学生的译文中重复。文科学生与工科学生译文高频词汇的重复率为81%，这一比例很高。但是如果仔细看一下各自高频词汇的频次可以发现，这些高频词汇在使用上存在着具体的差异。首先，文科生人称代词的使用比工科生稍低。例如，文科生在翻译过程中使用第一人称主格I为183次，宾格me为148次，而工科生在这两项上的使用频次分别是205次和152次。其次，在时态的使用上，文科生偏好过去时，工科生偏好现在时，如文科生使用was的频率为140，使用is的频率为88，工科生使用was的频率为104次，使用is的频率为124次。最后，在双方共

同重复使用的词汇中,对于相同词汇,文科生的使用频率略高于工科生。在双方各自重复率很高的前100词中,除了13个词的使用文科生略低于工科生之外,其余87个词汇文科生均略高于工科生。

2.词块与搭配比较

原文中有很多认知意义丰富的词块与搭配,这些在文科学生与工科学生的译文中有很多不同的表现。例如,原文一句话中有:"我想到了:这是个熟鸟。"对于"熟鸟"一词,学生有各种不同的表达方式。我们将出现频率超过两次以上的单词做了统计,详情见表4-6。

表4-6 "熟鸟"译文比较

排序	频次	单词(文)	排序	频次	单词(工)
1	11	a bird	1	9	a bird
2	9	domestic bird	2	9	ripe bird
3	7	mature bird	3	6	the bird
4	2	familiar bird	4	5	mature bird
5	2	family bird	5	4	familiar bird
6	2	house bird	6	4	tame bird
7	2	skilled bird	7	3	adult bird
8	2	tame bird	8	3	domestic bird
9	2	the bird	9	3	The bird
10			10	2	rare bird

由表4-6可见,关于"熟鸟"的译文,工科学生的选择方式略高于文科,并且其中准确答案tame bird的使用也略高于文科学生。因为"熟鸟"所反映的不是学生单词的记忆和积累能

力,而是对于这个单词的认知经验和生活体验,该单词描述的是从小在笼子里被养大的鸟,有过养鸟经验或者在生活中喜爱鸟、经常接近鸟的学生对这个词应该更有体会。因此,从这方面可以看出,在翻译过程中,认知经验的丰富可以促进学生翻译能力的发展。

另外两个突出的搭配是"翅膀拧在一处"和"小黑豆眼"。关于前者,文科学生的搭配较为丰富,高频词汇分别使用了动词如 twist,wring,stick,bind,entangle,tangle,cross,wrench 等,工科学生的高频词汇集中在 screw 和 twist 两个单词上。关于后者,文科学生与工科学生的表现方式也有所差异,详见表4-7。

表4-7 "小黑豆眼"的译文搭配

排序	频次	单词(文)	排序	频次	单词(工)
1	18	black eyes	1	16	black eyes
2	10	little black eyes	2	6	its eyes
3	8	bean eyes	3	5	small black eyes
4	7	its little black eyes	4	4	little black eyes
5	7	like eyes	5	4	small eyes
6	4	bean－like eyes	6	3	bean eyes
7	4	black soya bean eyes	7	3	its black eyes
8	2	bean－liked eyes	8	3	its small black eyes
9	2	black bean－like eyes	9	3	the eyes
10	2	its black soya bean eyes	10	2	in its small eyes
11	2	its small black eyes	11	2	its little eyes
12	2	little black bean eyes	12	2	its small eyes
13	2	small black eyes	13	2	little eyes
14	2	the eyes	14	2	The eyes

由表4-7可以看出,文科生在具体的细节表述上比工科生更细致,比如"小黑豆眼"中"豆"的形象,文科生凸显比喻意义,而工科生没有凸显比喻意义,但两者在高频词形的搭配数量方面比较接近,且都是14种表达方式。

3.创造性比较

翻译中的创造性与创造心理过程的认知框架有关。德国翻译理论家库斯莫尔采用认知语言学的场景与框架语义学等理论来研究翻译中的创造性,其核心观点是:"译文与原文相比有所变化,即加入了一些新的东西,但它符合翻译任务的目的要求。"另一位德国翻译理论家肯尼则利用语料库研究翻译中的创造性在词汇层面的表现。肯尼出版过《翻译研究的趋势》《翻译中的词语与创造性》等论著,着重分析译文中只出现过一次而不再重复使用的词语,认为这些独特的形式最能体现出词汇的创造性,也容易界定并利用语料处理方法从文本中检索到。根据肯尼的思路,译文中词语的独特性也可看作是翻译创造性的表现。作者也对文科学生与工科学生的译语独特性做了统计,文科学生只使用一次的译文单词共计273个,工科学生只使用一次的译文单词共计349个。在译语的独特性方面,工科学生更加显著。当然,这里译语的独特性只是反映学生使用语言的一个侧面,究竟这些译文语言是否表现了原文的特点还要根据原文的语境加以判断。

二、翻译过程评价

(一)过程性评估特点

在西方,为了提高翻译质量而进行的翻译测试与评估成为一种趋势,研究主要集中在总结性评估领域。总结性评估在样本评估和全文评估、错误程度的不同水平、翻译质量标准等方面有详细的阐述。除了总结性评估,形成性评估也引起了研究者的注意。形成性评估涉及对翻译前提、翻译目标、评估模式等方面的详细阐述,比总结性评估更进了一步。如形成性评估关注到译者的职业能力、课堂的关系氛围、译者的创造性基础、翻译的动机、翻译的自信、如何改善译文、译者的责任态度、译者的自我评估、同伴评估、小组评估、正式/非正式评估等多个方面。过程性评估集合了这两种评估的特点,并进一步深入翻译研究中的内部联系和外部联系,过程性评估更凸显认知科学的框架特点,并且进一步与实证研究相结合。在这方面,洛赫舍的研究非常突出,他先后写了《调查翻译过程》《翻译过程的心理语言学分析》等一系列关于翻译过程性评估的论文,对翻译的实证研究做出了突出的贡献。

根据洛赫舍的研究,过程性评估有如下特点:①从翻译的语言心理学调查来看,这是对翻译过程进行的一种带有心理语言学意义上的调查,通过对翻译表现的实证性研究,使用过程性分析手段,描述译者头脑中的译文形成过程。因此,过程性评估可以对翻译过程中出现的不同问题和译者的解决策略做出评估。②从总体的语言心理学来看,翻译表现的实证研究将洞察语言的加工过程,涉及言语接受和言语生产的心理过程,也关注语言使用者所采用的心理策略。③从翻译教学来看,将翻译过程评估应用于翻译教学是可能的。如果某些翻译策略是成功的,那就值得以各种方式来教授这些翻译策略。

翻译的过程性评估还关注个体的注意范围,通过有声思维方式让译者报告自己的短时记忆信息,这样就能使原本内化的译者所遇到的翻译问题和解决问题的步骤外化,有助于评估者和译者了解翻译过程、翻译策略和翻译决定,从而对翻译行为做出更加客观和全面的评估。例如,洛赫舍通过实证研究发现,他的受试者在解决翻译问题时会采取几个步骤:"一般来说,受试者不会马上对有选择性的解决方法做出直接的决定。他们宁愿提供几个可供选择的答案,然后再通过记忆搜索,激活信息网络,并根据期待框架进行调整,这种逐步解决翻译问题的方式体现了译者的翻译心智加工过程。"

弗雷泽的研究还表明,翻译的过程性评估关注译者的实际翻译过程和现实的翻译资料,这就弥补了以翻译结果为导向的评估方式之不足,后者的研究基础是理想化的资料,如文学作品翻译和其他带有高质量文化和情感内容的材料翻译,其研究方法比较抽象,并带有哲学性和探索性的特点。而过程性评估可使译者清楚地认识目的语读者的期待和需求,并在评估中体验自身的作用及其在翻译过程中的参与程度。因此,过程性评估的主要特点是自省。克林格斯认为这种评估方法提供了"接近翻译过程的最直接方式"。

当然,洛赫舍还突出了翻译策略在过程性翻译评估中的重要地位。他认为:"翻译策略是在翻译语篇或语篇片断时解决问题所使用的、潜在的、意识层次的方法。"他将翻译策略分成初始元素和潜在元素两大部分。初始元素包括:发现翻译问题,描述翻译问题,寻找可能的初始解决方案,定位翻译问题的解决方法,确立初始的翻译问题解决方法,确立部分翻译问题解决方法,继续寻找待译文本的翻译线索,肯定或否定翻译问题的解决方法,确定原语接受等问题。潜在元素包括:监控原语文本片断,监控译入语文本片断,释意原语文本片断,释意译入语文本片断,检查并测试解决翻译问题的初始方法,原语片断的心智加工,译入语片断的心智加工,原语片断的接受,文本片断的评估,转化合并文本片断,翻译文本片断,构建译文的第二个、第三个……第n个版本,组织翻译语篇等。

通过翻译策略这一核心概念,我们可以清楚地体会到翻译过程的特点。不论是在层级划分还是细节描述方面,都凸显了"过程""细节""程序"等特点,并且遵循循序渐进的原则,紧紧围绕中心,逐步展开分析和评论。可以说,翻译策略分析可以帮助我们定位、描述、解释翻译过程中的不足,这样有助于我们了解翻译的过程结构和翻译的复杂性。

目前,翻译过程导向的研究已经出现了细节完备的描述,而不仅仅是说明性的描述。它的原则旨在找出翻译者大脑里真正发生了什么变化,弄清楚他们是怎样翻译的而不是他们应该怎样翻译。关于翻译策略的调查研究已经在进行假设分析的过程中从主观视角得到贯彻。这样,翻译策略在解决翻译问题的过程中进一步促进了翻译评估。

(二)过程性评估途径

过程性评估的首要途径是加强学生的自我评估能力。近年来,西方高等教育中关于评估的研究有助于学生控制自己的学习过程。特瑞莎建议应给学生两种自我评估的模式:一种是允许他们参与高等教育的自我评估过程;另一种是给他们对成果进行评分和协商的机会。两种模式都为学生提供了学习不同形式专业知识的机会,使学生和导师具有相似的洞察力。具体而言,我们可以从以下几个方面考虑过程性评估的途径。

1.师生共同参与翻译过程评估

事实上,这种关于翻译质量的研究已经成为许多学术著作的话题,得到实证研究人员的重视。研究者强调指出:"我们必须不断提醒自己,评估的最终目的是让学生评估自己。"因此,应努力寻求方法让学生来参与翻译评估,而不是给教师唯一的评估权力。在课堂上,教师可以跟踪每个学生,并为每个学生推荐最有益的途径去完成翻译工作。在翻译过程中,教师可以使全班的进程保持一致,并参与处理每个学生的薄弱环节。最重要的是,教师也应强调课堂上学生自我评估的重要性,正如马丁所言:"我们相信课堂上评估标准的明确解释有助于促进学生的自主学习,因为它有助于学生理解课程旨在达到什么目的以及他人对他们的期望是什么。该系统不仅涉及解释评估标准,还要求学生自己应用这些标准,因此他们直接参与到对自己工作质量的判断中。"

2.采用以论证为中心的翻译评估模式

Vignaux 将他的话语论证分析分为:同汇元素(词语的选择),叙事(叙述者、情绪、言语行为类型),运作顺序(提出论点、句法排序手段、连词和其他衔接特点、主题化和重点),逻辑运作(具体的参数类型、普通概念、流行观点和共同价值)以及修辞顺序(或在文章中作为整体被展示的论证顺序)。为了适应这种分类,威廉姆斯提议基于下列话语范畴建立一个翻译质量评估模型,主要包括论证结构和修辞结构。我们都有写作基础,对于论证结构都不陌生。修辞结构需要进一步解释一下。威廉姆斯将修辞结构进一步细分为:组织模式,连接成分,论证类型,数据,叙事策略,其特点主要有七点:①它是以规范为基础,采用一个单一标准和公差水平对所有长度和类型的文本和所有的翻译条件进行评估,从而产生整体质量的评估。②它提供了全文的分析,从而避免了其他基于规范的模型的主要缺点。③它结合了定量和定性分析。④它提供了一个非实证性的主要/关键错误定义。⑤它提供了一个有效的,结合成本效益方式进行全文翻译质量的评估。⑥评估的目标是一个单一的参数且具有代表性。⑦同样的评估公差水平将在所有情况下被应用,主要错误的重要性不会改变,它将总是和宏观论证的一个核心成分相关。

3.采用多样的评估标准

李德风的研究表明,翻译测试的替代方式亟待解决。例如,在写作评估中,许多替代形式已经转向全面的评估,组合评估已被广泛应用于记录和评估学生的写作进度,其他还有转向电脑辅助的评估。徐锦芬等对大学生英语阅读能力的自我评估做了实证性研究,认为多样性的评价任务比单一的评价任务更有助于学生做出可靠、有效的自我评价。纪小凌的研究表明,在二语写作中,学生对同侪互评和同侪反馈比较认可,这些评估方式对翻译评估都有启发意义。另外一些研究也表明了翻译评估未来的发展方向。如坎贝尔探讨了翻译测试,看它们能检验翻译能力到什么程度,而不是简单地对源文本和目标文本进行比较。他将参加英语–阿拉伯语翻译的公开测试试卷的38名候选人(属于四组不同能力的学生)使用各种准则进行分析,如词汇的不同比例、平均字长、词的省略等。

在38个候选人和10种相关分析的基础上,坎贝尔提出了三个独立存在的因素:意义的词汇编码、全球目标语言的表达能力和词汇的转移能力。再如,斯坦斯菲尔德等也旨在"确定构成翻译能力的变量"。他们的研究以与美国联邦调查局开发和验证工作相关的翻译能力测试为基础,这些实验结果为翻译评估提供了新的视角。

4.多种准则与方法综合运用

翻译相关标准有效性的研究是通过分析它们如何与外部准则相关来进行的,例如学生对自己在不同文本类型中的翻译能力的自我评估,教师对学生翻译文本的评估和其他辅助性的测试。就评估学生的翻译而言,瓦丁顿的实证研究表明,36.5%的教师使用一种基于误差分析的方法,38.5%的教师使用一种全面的方法,23%的教师结合使用误差分析与全面的方法。还有学者在翻译教学中运用多种评估准则,如丁树德提倡将过程教学法引入翻译教学与评估,朱越峰提出任务型翻译教学与评估,肖红倡导将翻译工作坊运用于翻译教学与评估。这些方式既可以加强师生之间的关系,也能培养翻译能力。因此,在实际的翻译评估过程中,往往是上述多种准则与方法的综合运用。

(三)过程性评估原则

1.因人而异原则

首先,学生在翻译课堂上的表现与学生原有的基础知识有很大的联系。每个学生都存在一定的翻译识解差异,他们在接受新知识时往往基于自己原有的知识基础,同时会根据自己对事物的认知特点和思维习惯采用不同于他人的翻译策略。因此,在翻译评估时对于功底不同的学生,我们可以采取不同方式以体现以学生为中心的原则。例如,对于语言基础知识薄弱的学生,我们在评估时可采取实用性原则和目的性原则。我们不能一味地去追求这些学生快速的、全方位的翻译能力的提高,但可以结合实例,讲解某个模块的翻译功能,如词、句、篇章的问题特征以及具体的翻译标准,然后以小组为单位,实战翻译,最后进行自评和教师评估。这样可以激发学生的学习热情,引导其积极地参与到课堂的学习当中,逐步产生自主翻译的心理需求。而对于基础扎实的学生,可以评估多个翻译单位,引导其思考在把翻译元素渗透到目标语言的同时自己发现问题并解决问题,对其评估的目的是进一步鼓励这些学生更加深入地了解不同领域的翻译知识及其特殊性,扩展其思维的深度和广度,让学生自发地挑选他们感兴趣的翻译材料进行翻译,自己写出翻译评估报告,然后由老师将这些材料编排成有意义的教学内容。这样可以使不同的学生都能够进行适合自己的翻译评估,并根据在不同翻译过程中的翻译体验,寻找适合自己能力与兴趣的翻译原则,从而进一步提高翻译能力。

2.多样翻译策略原则

在具体的翻译实践过程中,翻译策略的使用具有多样化特点,研究者在这方面已经进行了大量的实证性研究。我们在进行翻译课堂教学特别是进行翻译评估时,可以将现有的研究思路引入课堂教学,丰富和扩大评估视角。例如,哲洛夫的语篇加工策略对整体的译文评估就很有帮助,主要涉及问题辨识、语言分析、储存与检索、推理论证、语篇语境化、编辑语篇外知识和监控语言使用。又如,克林格斯提出的五种策略,既有条理性也有一定的灵活性:建议使用推理模式、依靠参考书等资源来理解原文;通过检索双语之间固定词语的联系和语义相关项来检索等值词;使用直觉或者翻译决策来区别原语与译入语之间的对应项;运用一定的翻译原则进行多种译法之间的取舍;结构简化与修辞简化,去掉某些无法对应的语法标记特征,去掉没有等值项的隐喻特征等。再如,Seguinot 先是提出了几种局部策略,包括描述译者之间关系的人际策略、寻找特定的词或结构的搜索策略和针对原文意义的推理策略和监控策略,后来又补充了两条:回归加工策略和平行加工策略。此外,Tirkkonen-Condi 也对翻译策略研究做出了贡献,提出认知加工策略,包括核心加工和辅助加工等。

这些多样的翻译策略既反映了翻译过程研究不断发展的状况,也为翻译评估提供了具体可以实施的模式,教师和学生都可以通过学习和借鉴这些策略模式来分析和评估翻译过程和翻译结果,进一步提高翻译质量。

第五章 认知隐喻与翻译

第一节 隐喻的认知与隐喻翻译

　　隐喻产生于人类的语言审美活动并时时表现在语言使用过程中。亚里士多德在其经典名著《诗学》和《修辞学》中曾说过,隐喻可以使风格有所提高而不流于平凡,这体现了语言的信息功能与美学功能的有机结合。然而,隐喻长期以来只是被视为一种"装饰"和"美化"语言的修辞手段。随着认知语言学的蓬勃发展,越来越多的学者开始从认知语言学的角度对其重新进行认识和解释。英国修辞学家 I.A.Richards 曾经说过:"人们时时刻刻都在运用隐喻,几乎每三句话中就有可能出现一个隐喻。Lakoff.G 和 Johnson.M 认为:语言中大约70%的表达方式源于隐喻概念。他们在合著出版的《我们赖以生存的隐喻》(*Metaphors We Live By*)开辟了一条从认知角度研究隐喻的新途径,正式确立了隐喻在认知中的地位。

　　近年来,随着隐喻研究的不断活跃,许多学者都试图从不同的角度采取从理论到具体的策略全面探讨隐喻的翻译。随着对隐喻研究的深入,人们越来越认识到隐喻的认知功能在翻译当中起到了不容忽视的作用。

一、隐喻的认知性

认知隐喻理论认为,隐喻不仅是一种语言现象,在本质上更是一种认知现象,是人类理解周围世界的一种感知和形成概念的工具。语言符号与客观外部世界不存在直接对应的关系,人们只有通过大脑对客观世界进行感知,总结经验,找到不同事物之间的关联性,才能进而形成隐喻,完成语言符号之间的相互转换。隐喻的英语等同词"metaphor"源于希腊语"metapherein","meta"意为"从一边到另一边","pherein"的意思是"传达、传送",二者合一意为用一个事物来表达另一事物,是一种"由此及彼"的运动,一种转换。换言之,隐喻涉及两种事物:一个是出发点,另一个是目的地。

也就是说,一个概念域是可以用另一个概念域来解释的。其方向是,用熟悉的事物映射不熟悉的事物,用具体的概念映射抽象的概念。人类认识世界的过程是一个不断地亲身感知世界,并对所获的经验进行组织的过程。隐喻就是在这种向陌生概念(和抽象)的映射过程中发挥作用,拓宽意域,升华认识,所以隐喻的认知特征在隐喻和隐喻翻译的研究中显得至关重要。

二、隐喻的可翻译性

由于隐喻是一种思维方式,而翻译是一种人的思维活动,隐喻和翻译的基本原则就有许多共同点:隐喻必须涉及两种事物,使用喻体是要把喻体或者载体上的某些特征转移到本体上;翻译则必须涉及两种语言,进行翻译时要把一种语言文字转换成另一种语言文字。从言语交际的角度看,隐喻作为一种传达信息、表达情感的方式总是产生于人们言语交际活动中,并与整体的言语交际活动有着密不可分的联系。

从语言角度看,隐喻是一种比较"奇特"的语言方式。所谓"奇特",指有缺陷的表达方式,为违反会话原则的结果,它能把表面上看似超出常规甚至荒唐的事物联系起来 ①。认知语言学强调经验和认知对语言产生的重要作用,认为语言是客观现实、社会文化、生理基础和认知能力的产物,包括隐喻语言在内的任何语言现象都是有理有据的,即可以从人们的心理和认知的角度加以分析和解释。

从文化角度看,由于人类具有共同的生理构造和相同的心理基础,不同民族面对相同的客观世界所获得的体验具有很大程度上的相似性,这就导致了不同民族语言中必然会出现众多认知对等的隐喻表达方式,如 castle in the air 在中文中有完全对等的习语"空中阁楼"。但是,由于人类的经验源于人与大自然、人与人之间的相互作用,社会文化也成为影响语言的重要因素。

隐喻产生的心理运作机制充分体现了人类认知模式在处理外界信息时的主动作用。处于不同文化世界的人们在使用隐喻时有相似也有差异,读者对隐喻的理解就是通过源语隐喻中包含的概念域在目的语概念中的映射来实现的,因此能否实现认知上的对等是成功翻译映射的关键,这就要求译者选择恰如其分的翻译策略和翻译方法。

三、隐喻翻译的策略

奈达指出:"所谓翻译,是指从语义到语体在译语中用最

---

① 刘芳.认知隐喻与翻译教学[J].河北工程大学学报(社会科学版),2019,36(01):84-86.

切近而又最自然的对等语再现原语信息。"在翻译中,译者所寻求的应当是对等语,而不应是同一语。基于隐喻的认知性,为了做到译语的对等,我们有必要从认知的角度探讨隐喻的翻译,作者认为可采取下列策略。

(一)对等策略

对等翻译策略指的是汉隐喻中始源域向目标域对等映射。虽然世界上有很多民族,而且各民族也有自己的语言,但是人类在面对相同的客观世界所获得的经验有很大一部分是相似的,从而产生的认知理解也存在很大的相似性,许多隐喻词语具有相似的喻义,所以不同民族的语言上必然会出现许多始源域向目标域映射方式相同的隐喻,我们很容易在译语中找到对等的隐喻用法。对于这类隐喻的翻译,我们可以采用直译,通过隐喻概念的对等映射方式,使用相同的概念域进行映射,再现原文隐喻的喻义,让译文读者获得与原文读者一样的反应。

例1:The children were as busy as bees, making preparation for the festival.

译文:孩子们准备过节忙得像蜜蜂一样。

本例中译语中和原语中的相似点是对等的,即在于孩子们的忙碌与蜜蜂的忙碌相似。句中通过由表示具体概念("蜜蜂忙碌")的始源域的认知到表示抽象概念("孩子忙碌")的,目标域的映射而实现喻义的再现。

例2:Time is money.

译文:时间就是金钱。

本例中隐喻的喻义是通过由表示具体概念("金钱")的始

源认知域到表示抽象概念("时间")的目标域的映射而实现的,喻指时间的可贵。

可见,对等翻译的策略适应于英汉两种语言中认知完全对应的隐喻。它既反映了原文的内容,又保留了原文的比喻,保留了源语隐喻的民族、文化色彩,又丰富了目的语的表达方式,帮助目的语读者更多地了解源语的文化特色。这种译法既体现了语言文化的相融性,又达到了神形兼备的效果。

(二)转换策略

认知语言学认为,语言是人的认知客观世界的经验进行组织的结果。不同民族由于社会环境、历史传统等方面的差异,那么他们在使用隐喻时就有可能使用不同始源域的形象,来映射相同的目标域。如果不能用对等的策略保留英语隐喻的表达形式,那么译者可以在汉语中寻找合适的相应隐喻加以转换,把英语中隐喻的含义表达出来,这种翻译策略叫作转化策略。

1.换喻法

作为文化载体的语言受制于各种文化。各民族具有不同的文化、不同的思维形式、审美情趣等因素使得人们在不同的语言中表达同一概念往往会运用不同的喻体。在翻译时,译者可以适当地变换原语隐喻的喻体,使用译语读者所熟悉的比喻形象,以达到"神似"的效果而又不失原语中的美感。

例3:Among the blind,the one - eyed man is king.

译文:山中无老虎,猴子称大王。

例4:Penny wise and pound foolish.

译文:小事聪明,大事糊涂。

以上例句中的译法均是通过将原语中的隐喻转换为译语中的隐喻,充分表达出其蕴含的喻义。

2.意译法

由于一些隐喻为某一民族所特有,带有强烈的民族和地方文化特色,英汉两种语言对同一隐喻表达方式就不可能完全相同。当原语隐喻在译语中没有相对应的表达时,恰当地使用意译的翻译策略,既能形象地保留原文的隐喻意味,又可丰富译语中的隐喻表达。具体地说,隐喻意译的方法是通过对原语中词语表层结构的理解,以译文的习惯表达方式把原隐喻的喻义与深层蕴意充分地展现出来,从而获得审美效果上的动态对等。

例5:The ship is plowing the sea.

译文:船在乘风破浪地前进。

例6:Justice has long arms.

译文:天网恢恢,疏而不漏。

四、隐喻翻译的跨文化语境

翻译的功能既是信息的交流,又是文化的交流。语言根植于文化,不同语言折射不同民族文化内涵。英语和汉语在许多词语和句法表达上的差异都是源于英汉民族在认知上的差异。因此,在隐喻解读过程中文化因素也起着重要作用。在翻译过程中,有时遇到含有独特文化内涵的隐喻,由于目的语文化中没有相同或类似的概念域映射,又无法做到在目的语中改变其原文隐喻始源域形象,那么译者就可以把这种有独特文化内涵的隐喻移植到目的语中去。

在汉语中有很多移植来的隐喻。如特洛伊木马(Trojan

horse)等。英语中也有从汉语移植过去的隐喻,如 paper tiger (纸老虎)等。随着不同民族交流的日趋频繁,隐喻移植翻译可能性越来越大。采用这种策略丰富了目的语语言表达形式,达到更好地进行文化交流的目的。

第二节 认知语言学角度的隐喻

一、传统隐喻观

在西方,metaphor 是作为修辞学上的重要术语提出来的。传统 metaphor 的集大成者为亚里士多德。亚里士多德把 metaphor 看作是意义的转换,而且可在几个层面上展开,这样他就把 metaphor 同认识中的概念挂起钩来,把 metaphor 看作是"概念范畴之间的置换"。

亚里士多德在 metaphor 上的理论对后世影响巨大。各派研究 metaphor 的理论和观点,都可看出亚里士多德的思想,即使是后来的"替代论"和"对比论"也是吸收了亚里士多德的"相似性"观点。

在古希腊罗马时期,另一位重要人物昆体良从修辞学角度出发,把自亚里士多德以来对语言和 metaphor 古典主义方法论推向了一个顶点,着重指出了 metaphor 四个方面的转义特征:①有生命的转义为无生命的。②无生命的转义为有生命的。③有生命的转义为另一有生命的。④无生命的转义为另一无生命的。和亚里士多德一样,他把 metaphor 视为"点缀在风格之上的高级装饰品"。昆体良虽对亚里士多德的隐喻理论有所发展,但他的基本观点仍和亚里士多德一样,将隐喻视为"点缀物"和"高级装饰品"。从传统修辞学角度来说,这种观点是有较多合理成分的。但亚里士多德修辞中渗透着的哲学、思辨、逻辑内核,却被后来的哲学家和认知语言学家所继承了下来。

反观中国汉语隐喻研究,它是置于比喻的框架内进行的。从狭义上来说,英语metaphor在汉语中没有合适的对应译语,因为如果将其译为"隐喻",metaphor就失去了它在英语词源上"超越""转换""传递"等基本含义。汉语"隐喻"一语,本身仍然有着比喻一词所含有的基本意思。如果把metaphor看成汉语中的比喻,中国对隐喻的研究确有悠久的历史。

在中国传统修辞研究中,历来把"比""风""雅""赋""兴""颂"合称为"六义"。这"六义"及其注释从一开始就把比喻放在一个突出的位置上,以"比"统摄其余"五义"。古代学者对比喻的心理活动也有论述。刘勰的《文心雕龙·神思》对"形用象通"有一番意态描摹:"文之思也,其神远矣。故寂然凝虑,思接千载,悄焉动容,视通万里……故思理为妙,神与物游,神居胸臆……枢机方通,则物无隐貌……"接着一段又说:"夫神思方远,万涂竞萌,规矩虚位,刻镂无形;登山则情满于山,观海则意溢于海,我才之多少,将与风云而并驱矣。"这里刘勰实际讲的是诗文的"运思",但又讲"想象",其"情满、意溢"之说,也就是移情说。概而言之,中国先贤先哲对汉语比喻所进行的研究,成果颇丰,较充分地认识到了它在言语修辞中的重要作用,而且运用得非常广泛。

在中国现当代的学者中,许多人都对隐喻提出了新的认识,其中最突出的是钱钟书先生,他把比喻提到了一个更高的层次并予以全新的认识。他提出了"比喻是文学语言的根本"这一全称肯定命题,此论把比喻提到了前所未闻的高度。从理论意义上看,这一认识与隐喻是语言的本质已近在咫尺,而且钱钟书的"文学"概念又属泛指,意思接近于一切言语活动。早在几十年前,钱钟书就指出比喻不仅是一种描绘能力,而且它是和性情、想象力、认知能力紧紧相连的。它是天才的智慧结晶,是对世界形象的认识。同时也是一种逻辑的依据,……一个比喻就是截割的类比类推。在所比较的两桩事物中间,至少有一点相合;否则,修辞学上的比喻牵强,便是逻辑上的不伦不类。当然,比喻的好坏不尽是逻辑上的问题:诗人能见到"貌异心同"的地方,抓住常人所看不到而想得懂的类似之点,创造出新的比喻。

尽管钱钟书在比喻的认知方面做出了突出贡献,但中国学者大多还都是从修辞角度研究隐喻的,而且主要关注隐喻与相近辞格的对比方面,如隐喻与明喻、隐喻与转喻等辞格的对比。"至于隐喻产生的原因、理解机制和认知功能,汉语修辞学界至今未有人深入系统地加以探讨。"

可喜的是,从20世纪80年代末开始外语学界已有人撰文讨论隐喻问题,不过起初仍然停留到辞格的对比方面。

从20世纪90年代开始,外语界学者们开始在一些主要外语刊物上撰文引介有关国外隐喻研究进展的情况。比如,《现代外语》1994年第4期刊登了《隐喻与科学概念》一文,介绍了《认知与修辞性语言》一书中有关"隐喻与科学发现"的主要观点。《外语与外语教学》1995年第1期刊登了题为《隐喻的语用观》一文,介绍了列文森《语用学》(Pragmatics)一书中有关隐喻与语用学方面的内容,《外语教学与研究》1994年第2期刊登了林书武对《隐喻,其认知力与语言结构》一书的评介,次年本刊第2期发表了赵艳芳对《我们赖以生存的隐喻》一书较为全面的介绍和评价。《外国语》1995年第5期发表了严世清的《隐喻理论史探》,介绍了"替代论""互动论"等主要隐喻理论观点。不过,总的来说,国内关于隐喻研究尚处于初级发展阶段,更遑论隐喻的英汉对比与翻译研究,如果要想与国外同类研究平等进行对话,无论从研究范围还是从研究深度方面都需要有识之士下大力气深入研究。

二、语义学隐喻观

语义隐喻细分为两种:一种是语义特征隐喻理论,另一种语义隐喻理论是米勒的心理学隐喻理论。

根据语义特征理论,词语意义由一系列特征确定下来,每一特征是一个原学概念。该理论的重要优点是它可以提供严格格式化理论。该理论还可以解释"范畴性错误"(category mistake)或语义上荒谬不通的东西。而这些东西又是创造隐喻所必不可少的。语义隐喻代表人物之一米勒指出,要理解隐喻,隐喻就得转换成年龄特征看待复杂的像明喻一样的形式。米勒对隐喻进行了三重分类,并在此基础上提出一系列转换规则。米勒的三种隐喻分别是名词性隐喻、谓词性隐喻和句级隐喻,分别举例如下。

例7:Smith is an old fox.(名词性隐喻)

史密斯是个老狐狸。

例8：A：What kind of mood did you find the boss in?

B：The lion roared.（句级隐喻）

A：你发现老板心情怎么样？

B：狮子怒吼了。

米勒对隐喻性质的解释程序，十分注重建立在类比基础之上的比较（comparison based on similarity）。尽管隐喻一般都需两个物体或两种思想在某些方面有相同或相似之处，但这样说并非意味两者之间都是客观存在或先前早已存在的，甚至也不能说译者与听者都能清晰无误地判明两者的相似性。

米勒的隐喻理论也有诸多不完善之处。比如，并非任何一个隐喻都能从明喻中推导（derived）出来，下面这个例子就较难推衍出来。

例9：The government is going the wrong way down a one - way street.

分析：这句的隐喻意义很难挖掘，也可能会有多种歧义或解释。因为有些隐喻仅从其本义上分析，从字面上看可能会使人产生此处隐喻用借地方的感觉。因此，仅从语义角度分析隐喻，尚有诸多困难和局限。要想透彻认知和理解隐喻的确切含义，还要根据出现隐喻的上下文进行分析和判断。这些问题都要通过语用学这一门学科的相关理论才能解决。

例10：The teacher tapped on his desk and shouted："Young men, Order!"——The whole class yelled："bear!"

译文一：老师拍着桌子喊道：年轻人，请安静！

全班同学一起嚷道：啤酒。

译文二：老师拍着桌子喊道："你们这些年轻人吃喝（要

喝)什么!"

全班同学一起嚷道:啤酒。

分析:此处"bear!"若译成"熊",译文隐喻意义是比原译文清晰了许多,但其中的幽默感却没有了,结果可能会使老师怒不可遏,如果老师修养欠佳的话。

人们认为,隐喻是语言中的非正常现象;作为一种纯语言现象,隐喻是可有可无的。因为如果一个人想表达其所感所想,他可无需借助隐喻而采用直截了当的方式。那些设法借助隐喻用以表达思想的人,只不过是"为了制造特殊的修辞效果"。

对传统隐喻观提出批评,在西方不乏有各学科的学者。理查兹和布莱克很早就批评并摈弃了传统隐喻的基本观,提出了隐喻互动观。

卡西尔、瑞德等也分别从哲学、文学批评、心理学、人类学和语言学的角度把隐喻视为一种认知现象予以研究。但是真正确定了隐喻在认知中的地位,并开创了在世界范围内研究认知隐喻新局面的是,1980年出版的莱考夫和约翰逊合著的《我们赖以生存的隐喻》这部影响深远的著作。

三、认知隐喻观

乔治·莱考夫是美国加州大学伯克莱分校的语言学教授,被公认为是当今认知语言界大师级的著名学者之一。他早年师从罗曼·雅克布逊和诺姆斯基这两位语言学大师研习语言学。莱考夫跟随乔姆斯基从事生成语言学研究中逐步观察到,生成理论所提出的深层结构决定句子意义,转换中不能改变句子深层结构的意思这一观点存在着缺陷,因为形成的转义总会在某种程度上带来意义的些微变化。因此,他在20世纪六七十年代创立了生成语义学理论。但在后来的研究中发现有些问题不能通过生成语义得到合理解释。生成语义学的先后不足加上同时代的相关研究成果,促使他从生成语义学转向了认知语义学。

1980年,莱考夫与约翰逊合作,推出了旷世之作《我们赖以生存的隐喻》(*Metaphors We Live By*)。该书使用大量丰富的日常英语作语料进行分析,这些平时我们认为不是隐喻的日常话语,通过他的分析,都已成为受着隐喻思维支配的产物,从而有力地证明了隐喻不仅是修辞手段,更是一种深植于思维中的认知方式乃至行为方式。兹后,莱考夫推出了《体验哲学——体验心智及其对本文思想的挑战》(*Philosophy in the Flesh: The Embodied Mind and Its Challenge to Western Thought*)等著作和多篇论文,进一步阐释了他的思想,形成了较完整的隐喻认知理论体系。

(一)概念隐喻

隐喻的突出特点之一是用一事物去理解另一事物,换言之,我们理解他事物往往都是通过隐喻予以完成的。这就是说,人类的概念系统主导、支配着人类的思想与行为。但是因为概念系统较为复杂、抽象,人们无法具体感知,只有求助语言进行表达。而且总是由近及远、由外及内、由浅及深、由具体及抽象、由已知及未知、由现在及未来等。而所有这些过程都伴随着隐喻,从而实现认识和解释事物之目的。

基本隐喻概念无所不在这一事实说明语言系统只不过是受隐喻概念支配的一个方面。从基本概念隐喻角度分析,转喻（metonymy）、拟人（personification）等辞格只不过是概念隐喻之下的不同子范畴。请看下面拟人概念隐喻的例子。

例11：种种困难，遇到共产党人，它们就只好退却，真是高山也要低头，河水也要让路。

译文：Every kind of difficulty has to give way before Communists，just as in the saying，"mountains bow their heads and rivers make way."

分析：这是汉语中把无生命之物体拟人化的用法，"困难""高山""河水"等都被当作有生命、有思想的人进行描写，而且在"共产党人"面前都"吓得低下了头。"转喻的概念隐喻与拟人不同，转喻的基本功能是用一个实体代表"另一个实体'转喻所用的实物之间通常是部分与整体的关系。说者所使用的转喻部分则表示他所集中关注的部分。具体来说，转喻就是将某一事物换个名称，换一种说法。metonymy 是英语扩大词的一种手段，它与汉语借代中的旁代基本相同，通常有容器代所盛之物、工具代替本体、事物的明显标志代指事物本身、可用象征代指人或物、可用原因与结果互代等。请看下面的例句。

例12：The baby was brought up on the bottle.

译文：这孩子是靠喝牛奶长大的。

分析：句中的 bottle（奶瓶）代替"奶瓶中的牛奶"，而非母乳，典型的容器代用法。

例13：His aunt went over him and asked him how he could go and break her old heart so；and finally told him to go on，and ruin himself and bring her gray hairs with sorrow to the grave，for it was no use for her to try any more.—Mark Twain:Tom Sawyer.

译文:他的姨妈对他哭起来,问他怎么会这么胡闹,偏要伤透她这老人的心;后来又告诉他只管这样胡闹下去,自暴自弃,给她的晚年添些苦恼,送掉她这条老命,因为她再想挽救他也是枉费心机。

分析:这一例是用老年人的典型标志 gray hairs(灰发,银发,白发)代替老年人(the aged),这种用法可给读者留下深刻印象。

(二)体验哲学观

莱考夫和约翰逊在批判吸收认知语言学、反思客观主义观与主观主义观的基础上,提出了较新的哲学体系——体验哲学观(embodied philosophy)。体验哲学包括认知无意识、体验心智和抽象概念大多为隐喻这样三个基本哲学观。

据谢之君归纳,所谓"认知无意识",是指人们大部分思维都是无意识的。具体说来,莱考夫和约翰逊的思维无意识,是指思维的操作不被认知所感知,运转速度太快而无法被注意到。他们提出,认知有两种解释:第一种解释,在认知科学中,凡是能被精确研究的心智操作和结构都是认知,而且大多是无意识的,比如视觉过程、听觉过程、记忆过程、注意过程等都是认知过程,心智意象、情感变化、神经模型等也是认知科学的研究部分。第二种解释主要源自于传统哲学。在传统哲学看来,认知仅被看作是概念或命题结构,包括附加在这些结构上的规则运算。认知意义被看作是真值条件意义,而意义是不能通过体验心智进行定义的,它只能通过外部世界的所指意进行定义。所以说,认知无意识主要指第一种解释,说大部分认知为无意识,就是说有意识的认知只是很小的一部分,有人称之为"冰山之一角"。

所谓体验心智,主要是强调人类经验的重要意义、人们身体的中心地位、人的特有认知结构和组织作用[①]。人的心智,人类高度发达的语言,都与生活体验密切相关。其一,人类与其他动物的区别,就在于其拥有独特的身体与大脑的构造,使其可对世界进行抽象的思维,形成独特的看法。其二,其具有体验性。就因为有体验性,所以对世界万物能根据体验形成看法,进而影响认知。对于感知之事物,会进行具体而深入讨论,对于构想之事物,也可通过想象而描绘出来。而这些感知都与人的身体构造及体验有关,所以在认知层面上就体现为意象图式(image schema)。其三,体验和认知会影响人们对现实世界的看法。

抽象思维大多为隐喻,主要指人们通过运动感知的经验,把情感、美感、道德感等心理主观经验融入到隐喻之中,以此描述、认知客观世界和内心世界。隐喻是人的大脑、经验和心智和谐共创的产物。这些观点听起来都较新颖独特,所以莱考夫、约翰逊的体验哲学一经提出,立即产生巨大的反响,而且影响越来越大。

四、语言中的隐喻

隐喻渗透到语言的各个层面,隐喻直接或间接影响着我们的思维内容和思维形式,也影响着反映人类认知程序的语言系统。隐喻系统在语言的语法和词汇方面扮演着重要角色。

[①]朱琳. 心智哲学、体验哲学和语言本质[J]. 绵阳师范学院学报,2011,30(07):38-40.

隐喻程序对新的现象提供命题(give names),增加多义或同义词汇,还为话题增辉添彩,隐喻还可以让说者或听者留有悬念,如果他们能准确理解双方所使用隐喻中的意义。

(一)隐喻在人们形成概念过程中的作用

隐喻在人类形成概念的过程中也起着重要作用。我们的概念系统很大一部分是在隐喻基础上构成的。语言的各要素中,词汇系统最有可能发生变化。导致变化的各种原因中,隐喻化过程无疑是最重要、影响范围最广的原因之一。

许多新词都是通过隐喻方式创造出来的,在隐喻不断增加的过程中,有许多旧的隐喻又逐渐失去了隐喻性,结果隐喻变得毫无新义,即成了死喻,抑或实际上成了常用的表达法,如火舌(the tongue of the fire),山脚下(the foot of a mountain),椅子扶手(the arm of a chair)等。这些隐喻在最初出现时非常形象生动,但现在已经成为常规词汇的一部分。

大多数动物词(animal words)或植物词(plant words)都是含有隐喻意义的。比如英语中的 to wolf(狼吞虎咽),to ape(模仿),to dog(尾随,紧跟),to branch(朝各个方面分开)等。

这种隐喻性名词转变为动词的变化在大多数语言里都是存在的,英语里有 to father(像父亲般悉心照顾),to hawk(追逐,追捕),to parrot(模仿,鹦鹉学舌),to fox(使用奸计欺骗),to shield(保护,防护)等。汉语中也许多相似的表达法,如"蚕食""鲸吞""虎视(眈眈)""蜂拥(而来)""鸟瞰""鹤立(鸡群)""云集"等。这些隐喻性词语形象特性很强,不仅可以帮助读者理解原文,而且还具有幽默的效果。

（二）通感隐喻

还有一种隐喻称为通感隐喻（synaesthetic metaphor），a loud perfume，a sharp voice，a sweet smile，a sharp tongue 等。

在词汇转换过程中，词汇获得额外的语义，这种额外意义的获得不是通过与外部世界的物体，而是通过上下文语境中与其他词汇的相互关系。词汇常常在获得形式意义（formal meaning）时失去其所指意义（referential meaning）。

（三）隐喻的实义

隐喻不是指某个所指专有词所产生的外延或修辞附加部分。恰恰相反，本义（proper meaning）是在词汇双重形象及其隐喻性逐渐消失之后而出现的必然结果。

汉语中有许多词都具有佛教的浓厚色彩，比如"（凤凰）涅槃""升天""缘分""报应""悟性""执着"等。但是这些源自佛教的术语逐渐失去了其隐喻意义，而成为人们广为使用的普通词语。还有些大多只保留其隐喻义，而其原义（literal meaning）却被人们淡忘了，比如出笼、出台、翻身、上钩、推敲、笔耕、舌战、响应、斧正等。

汉语中四字成语特别丰富，大部分来源于寓言、古典诗词、历史名人传奇、掌故等。这些词语大多失去了原来的字面意义，转而只用其修辞（或隐喻）意义了，比如"黔驴技穷"（喻指无计可施）、"削足适履"（喻指：不顾实际，强求一致，act in a procrustean way）、"得陇望蜀"等。汉语中的四字成语量大而且多姿多彩，这是其他语言所绝无仅有的。我们应该在这方面深入挖掘，找出其与众不同的特色。

英语也有类似情况，尽管与汉语相比，稍有逊色。这方面的对比,另文详述。我们来看看下面的一些隐喻用法。

例14:He has been called the King Kong of the press.(巨头)

例15:The pretence is gone that it is in the driving seat.(处于统治地位)

例16:The country has devoted the lion's share of its scanty foreign aid to the assistance of 45 friendly African states.(典出《伊索寓言》,狮子将其他动物的所有的猎物攫为己有。)(喻为:最大的一份)

有些隐喻可能创造一种相似之处,通过使读者或听者从一种全新的视角看问题,本体(tenor)获得了新的理解和认识。

具体词语描写比较抽象的概念往往比较模糊,但若通过隐喻方式予以恰当运用,读者或听者就比较容易理解和认识了,比如桃红、天蓝、漆黑、笔直、雪亮等。

语言因为有了隐喻,便使人感到魅力无穷。英国著名诗人雪莱说过:语言实际上是隐喻性的。如果没有新的诗人对那些紊乱的联想去重新组合与创造,语言就可能变得死气沉沉,人类不能为高尚的目标进行交流。

(四)隐喻的认知与翻译

隐喻使人从看来互不相干的事物发现了新的相似或相同点。隐喻是最佳代理者,通过它原本差异极大或互不相关的事物联系到了一起。对隐喻的理解和认知,一般通过对两个无法相比较的形象进行高度紧张的思维转换,对原形象进行一定的分解,逐渐获得一个新的形象,然后进行加工,最后取得比较清晰的统一。

隐喻性话语中使人产生愉悦的韵律也能产生话语中的美

学效果。比如,美国著名黑人活动家马丁·路德·金有一篇著名的演讲——《我有一个梦想》(*I Have a Dream*)文中成功运用了隐喻这一修辞格。现略举几例。

例17:This momentous decree came as a great beacon light of hope to millions of Negro slaves who had been seared in the flames of withering injustice.It came as a joyous daybreak to end the long night of captivity.

译文:这重要的文献为千千万万在非正义烈焰中煎熬的黑奴点燃起一座伟大的希望灯塔。这文献有如结束囚室中漫漫长夜的一束欢乐的曙光。

例18:One hundred years later, the life of the Negro is still sadly crippled by the manacles of segregation and the chains of discrimination One hundred years later, the Negro lives on a lonely island of poverty in the midst of a vast ocean of material prosperity.

译文:一百年后的今天,黑人的生活依然悲惨地套着种族隔离和歧视的枷锁。一百年后的今天,在物质富裕的汪洋大海中,黑人依然生活在贫乏的孤岛之上。

第三节　隐喻翻译策略的影响因素

一、文化差异因素

(一)语言差别

由于中西文化差别较大,再加印欧语系中各西洋文字,与汉语中象形文字相比,语言习惯、用法、句型差别甚大,这些差别往往造成译作与原作在语言上的鸿沟,甚至不可译。著名翻译家许渊冲先生指出:"根据计算机统计,西方文字之间的对等词达到90%,因此西方译论家提出了对等的理论;但中文和英语之间的对等词只有40%左右,因此西方的对等译论只能解决一小部分中英互译问题,而大部分问题都不能解决。""中国和西方评论的差别,简单说来,西方重'等',中国'重优'。"从上边的引文可以看出,90与40之比,差别的确非常之大,即使貌似对等,实际上也很不对等,可以说完全对等的词语极少。在谈及东西方语言,尤其是汉英语言的差异时,既要充分认识到它们之间的差异,并认真处理这些差异,但与此同时,又不能无端夸大或缩小它们之间的差异,两种语言既有共性又有个性,一个认真负责的理论家或实践家都应该实事求是,任何的以偏概全都是不对的,对真正的学问探讨是有害的。为什么我们的翻译质量上不去,看来还是对两种语言、两种文化没有真正掌握,没有真正学好,没有真正区别开并很好地运用于翻译中。

(二)翻译观差别

中英文化差别甚大,语言又分属于汉藏和印欧两个截然不同的语系,翻译观必然也有不少差异。在绵延五千多年的华夏文化长河中,翻译思想大致划分为五个历史时期:佛经翻译时期、科技文翻译时期、西学翻译时期、社会科学和文学翻译时期和近现代翻译时期(其中可以20世纪80年代初为线分为两个分时段)。中国文化中受外来佛教影响较大,古代笔译成就主要体现在佛经翻译方面,翻译观也体现在佛教的翻译方面,如最早从事佛经翻译的安世高(2世纪)首开直译先河,梁皎慧在《高僧传》中评其译本"义理明晰,文字允正,辩而不华,质而不野";汉末三国时期的支谦(受业于支亮,支亮受业于支娄迦谶,影响极大,史称三支)首创"会译"(编译),同时也开创了译文加注这一延续至今的重要译法。支谦主张文丽简略,在《句法经序》中他指出:"佛言依其义不用饰,取其法不以严。其传经者当令易晓,勿失厥,是则为善。"座中咸曰:"老氏称'美言不信,信言不美。'仲尼亦云'书不尽言,言不尽意。'明圣人意深邃无极。今传胡义,实宜径达。"译论家普遍认为,支谦的序是现存古籍中最早谈到翻译标准的文章。此后道安则是直译派的代表人物,他的"五失本""三不易"很有影响,彦琮也主张直译,他的"八备"说全面阐述了译人的素质及方法,是他留给后人的一份宝贵财富。玄藏是中国四大翻译家之一,他就译经提出的"五不翻"原则,影响深远,对20世纪开展的译名大讨论都有很大的指导作用。

在文学翻译方面,林纾以"儆醒人心,反帝救国"这一核心思想为己任,提出了"神会、步境、怡神"翻译观,为此,他"善于保存原作的风格与神韵,中外译家至今仍津津乐道,视为典范"。在社会科学著作的翻译方面,有严复的"信、达、雅"(实际上严氏的标准已经覆盖了翻译的各种题材、体裁)。进入20世纪,尤其是五四运动新文化时期之后,翻译理论得到了飞速的发展。新文化旗手的鲁迅提出了"以直译为主,以意译为辅"与"以信为主,以顺为辅"的翻译观,鲁迅的翻译观充满了辩证法,他既主张"信"与"顺"的辩证统一,又主张"输入新的表现法",为中国翻译理论和实践的发展、为丰富汉语的语言词汇,做出了重大贡献。中国著名文学家、翻译家郭沫若提出了著名的"创作论"翻译观。他指出:"翻译是一种创造性的工作,好的翻译等于创作。甚至还可以超过原作。这不是一件平庸的工作,有时候翻译比创作还难。创作要有生活体验,翻译却要体验别人所体验的生活。翻译工作者要精通本国的语文,而且要有很好的外文基础,所以它并不比创作容易。""两脚踏东西文化"的著名文学翻译家林语堂首先提出"翻译即艺术"的重要翻译思想观。他指出:"翻译是一种艺术。凡艺术的成功,必赖个人相当之艺才,及其对于该艺术相当之训练,此外别无成功捷径可言,因为艺术素来是没有成功捷径的。"傅雷的"神似说"翻译观,钱钟书的"化境说"翻译观,更是人尽皆知。这些翻译理论都具有中国的特色,都是建立在中国特有文化、艺术和汉语文字基础之上的。

西方的翻译理论也是在不断发展的,从早期的语文翻译学派(philological school)、诠释译论学派(hermeneutic approach)、翻译超越译论(overstepping approach)、泰特勒的翻译三原则(three principles of translation)到近现代不断推出的各种学派,比如文艺学派(literary school)、文学-文化学派(literary - cultural school)、多元体系学派(school of polysystem theory)、交际学派(communication school)、社会符号学派(sociosemiotic school)、语言学派(linguistic school)、解构学派(deconstructional school)、释义派理论(theory of interpretational school)、摆布(也称操控)学派(manipulation school)、辩证逻辑学派(dialectical logic school)、食人主义(cannibalism)后殖民理论(theory of post - colonialism)、功能翻译理论(functionalist translation theory）、目的派理论（skopos theory）等。

仅从以上所列举的部分学派或理论中，读者可能已经感到有些眼花缭乱。从古今中外的种种翻译流派来看，就如何对待语言、文化、价值观等各方面的差异上，历来就有"直译派"和"意译派"之争，近年来国内外又出现"归化派"和"异化派"之争。拨开各种翻译学派的迷雾，我们似乎应始终把握一点：不管采用何种翻译策略，首先必须以原文文本为准绳，首先以读者感到表达地道、忠实于原文内容为标准，在英译汉中如果一味追求"汉化""归化""赞助商之目的"，或者以输入异域表达习惯等目的而走向另一极端，在内容上都可算是背离原作，都不能算作是真正的翻译，在进行汉外尤其是汉英翻译过程中，因为外国读者对中国文化的不了解，为了更全面地把中国文化介绍给外国读者，有必要多做一些异化的处理，同时加一些必要的解释，在此基础上，用地道、标准的外语翻译出来。

二、隐喻心理差异因素

（一）联想

隐喻的关键是"比"，从行为主义心理学的角度分析，它的心理基础是联想与想象。

所谓联想，指的是"在意识中两件或更多事物形成的联系"。换言之，即指由于某人、某事或某种概念引起与其相关的某些人、事或概念等一种心理现象。

郭绍虞指出："譬喻在心理上的基础是联合作用。心理学上所称联合作用，普通只指观念的联合，实则联合是精神现象中普遍的法则，不仅观念是这样，即感情、意志等一切精神现象也可以作如是观。诗人文人最富于想象，也最善于联想，利用心理上联合作用之类比似联合以应用于文辞,那就成为修辞上的譬喻格了。"

能产生联想的不仅限于具体事物,抽象的、理性的、感情的等都可能产生联想。比如,人们在经历过各种事件之后,程度不同的感受都会在脑海中留下原因、结果等不同烙印。经历越丰富,烙印越多,相似联想资料库越大,产生的联想越多,理性联想的能力越强,这是理性的联想。还有感性联想,艺术联想、意象联想等。感情联想主要是听到或读到语言作品或其他艺术品时,如诗歌、散文、小说、音乐等所产生的各种错综复杂的心情,其中可以是喜悦、欢快、忧伤、悲哀、同情、怜悯、仇恨、憎恶等。比如:大马河在远处潺潺地流淌,像二胡拉出来的旋律一般好听。再比如:啪、啪、啪,水泡一个个破裂,像一级级美好的琵琶音。"二胡""琵琶"是中国汉族的民族乐器,只有与作者同族的人才能深刻体会到该乐器和比喻的无比美妙。

(二)想象

比联想更深入一步的是想象,"想象是带有创造性的联想。"想象不是日常生活的复制品,是对生活真实的加工和创造,都是经验的直接或间接的产物。古今中外的文艺作品,尤其那些托物言志、咏物抒情、富含各种隐喻的文艺作品,都是运用联想及想象创造出来的佳作,具有突出的典型意义和代表性。

(三)通感性隐喻

介绍通感式隐喻,首先要简要说明一下通感。通感又名"联觉",与其意思较一致的英语术语为"synaesthesia"。"通感"

即是"各种感觉之间的相互联系和沟通","外部世界的各种信息不断地刺激人的感官,引起了人的视觉、听觉、嗅觉、味觉和触觉,这些感觉都是人对外界的反映,它们之间有着密切的联系。联觉就是这样联系的一种特殊表现。"关于通感的论述,早已散见于西方学者的著作中。亚里士多德在《心灵论》一书中提到过通感。黑格尔在《美学》一书中提到"崇高""比喻"的艺术手法实际上都是通感。康德在《判断力批判》一书中对通感的论述对我们从心理学的角度去理解和把握通感有借鉴作用。首先,他认为通感是人对自然物质的某种形式的感知与人的某种情感观念的相通或类似。其次,康德认为通感是思维的一种类比方式。通感虽然是感觉与情感观念的沟通,但这只是两者在形式上的一种类似或接近,它们在内容上并不真正是同一事物。康德认为类比,成果可以构成象征美的审美形态。通感是一种主观类比,是一个心理过程,但这也是创造"象征美"的心理过程。人们通过视觉、听觉等感觉器官感知一个具体的感性形象时,经过主观类比联想到一种情感观念,经过不断地重复沉淀在形象上,使形象具有直觉性,又有理性的情感蕴含,也就是说,形象成了观念的外化形态。

作家、诗人及文艺理论家运用通感这一隐喻手段,古今中外,不乏其人。德国诗人 Dehme《沼上》中"暗的声音",是将视觉转为听觉;刘鹗《老残游记》中"声音初不甚大,只觉入耳有说不出来的妙境:五脏六腑里,像熨斗熨过,无一处不伏贴;三万六千个毛孔,像吃了人参果,无一个毛孔不畅快。唱了十数句后,渐渐地越唱越高,忽然拔了一个尖儿,像一线钢丝抛入天际……哪知她于极高的地方,尚能回环转折,……恍如傲来峰西面攀登泰山的景象：初看傲来峰削壁千仞，以为上与天通；及到翻到傲来峰顶，才见扇子崖更在傲来峰上；及至翻到扇子崖，又见南天门更在扇子崖上；愈翻愈险，愈翻愈奇。那王小玉唱到极高的三四叠后，陡然一落，又极力骋其千回百折的精神，如一条飞蛇在黄山三十六峰半中腰里盘旋穿插，顷刻之间，周匝数遍。……"作者将听觉、触觉、视觉巧妙地融为一体，将歌唱者美妙的歌声刻画得惟妙惟肖，生动感人。朱自清《桨声灯影里的秦淮河》的名句"秦淮河的水尽是这样冷冷的绿着"。"冷冷的"描写的是"触觉"，"绿着"说的是"视觉"，这一句是把触觉转到了视觉。当代著名作家杨朔"遏止不住的笑声从她的嘴里迸发出来，仿佛黄河的浪花，四处飞溅。""笑声"属于听觉，"浪花……飞溅"则又转移到了视觉，通过这些技巧的运用，形象更加突出、生动，效果也更加感人。所以文人墨客对此都乐此不疲，通感的妙用由此或见一斑。

三、英语 metaphor 和汉语比喻的翻译策略

香港大学 Mary M.Y.Funy 在 "Translation of Metaphor" 一文中，从三个方面梳理并阐述了人们在 metaphor 翻译方面的认识。下面是对这篇文章关于 metaphor 翻译方面的主要观点。

隐喻翻译问题在过去较少受到重视。Menachem Dagut 以 "Can Metaphor be translated?" 为标题的文章在 1976 年发表于 Babet 杂志上之后，才引起了人们对该问题的关注。Dagut 是把 metaphor 作为语义转换中的特殊而突出的范畴提出来探讨隐喻的。他认为，从狭义上来说，每一个隐喻都是丰富想象力的闪现，它冲破语言的现有语义限制，因此拓展了受众者的情感与智力意识。在 Dagut 看来，所有隐喻都是创新（original）及活

生生的话语(live),而且属于行为(performance)领域(realm)。这些隐喻应与隐喻性变异(metaphorical derivatives)相区别,因为后者已失去其独特性而成为语言固定语义构成部分,即语言"能力"部分。隐喻性变异(metaphorical derivatives)可被细分为构成多义素(polysemes)的simplex(简单体,即由一个单独词项构成)和构成成语(idioms)的复合体(complex,由一个以上词项构成)。Dagut认为,隐喻性变异的翻译同驾驭两种不同语言体系的能力有关,译者需要具备较强的双语能力,才能在目标语中"发现"(find)源语隐喻的对应部分,而翻译隐喻则需要"创造"。通过分析由Hebrew(希伯莱语)译成英语的译例,Dagut得出如下结论:确定源语隐喻的可译性不是译者的"勇敢"或创新,而是某特定目标语使用者的文化体验和语义共有联想所达到的程度。Dagut在1987年发表的文章中,又重申了上述观点。

纽马克从更实用的角度较深入地探讨了metaphor的翻译问题。他探讨该问题的文章1980年首次发表在Babet杂志上,嗣后将其扩编成"*Approaches to Translation*"(《翻译的途径》)一书中的一章,于1985年修改后,收录在"The Ubiquity of Metaphor: Metaphor in Language and Thought"论文集内。Newmark对metaphor较为详尽的界定,发表在"*A Textbook of Translation*"一书中。该书已由上海外语教育出版社2001年引进在国内出版。Newmark认为,隐喻可以是任何一种比喻性表达:一个具体词的转换意义;一个抽象概念的拟人化,一个词或词语搭配运用到并非字面所指的意义上,即用另一个术语描写另外一件事物。隐喻既可以是"单项"(一个词),也可以是复合项(一个搭配,一个成语,一个句子,一句格言,一个寓言,一篇完整的富有独创性的文本)。Newmark 把隐喻分成六类:死喻(dead),除旧喻(cliche),现存隐喻(stock),改编性隐喻(adapted)(1988 年新增加的一项),新近隐喻(recent),独创性隐喻(original)。此外,Lakoff 和 Johnson 则从不同角度提出两个新类别:概念隐喻(conceptual metaphor)与情感隐喻(affective metaphor)。

对隐喻的翻译问题,西方译论家较为关注,但讨论较为集中而且也是较有代表性的学者要数英国译论家纽马克。他根据自己的译事经验,提出八条处理 metaphor 的具体方法。他说的虽然不是英汉互译问题,有的也不一定适合于英汉互译,但起码能给我们一些启发,我们也能从中借鉴一些有参考价值的东西。据其优先考虑顺序,这八条基本原则依次为:①在译文中再现原文形象(reproducing the same image in the target language)。②以译语形象更换源语形象(replacing the image in the source language with a standard target language image)。③用明喻译隐喻(translation of metaphor by simile)。④用明喻加意译法处理源语中的隐喻或明喻(translation of metaphor(or simile)by simile plus sense)。⑤用意译法翻译隐喻(conversion of metaphor to sense)。⑥更换隐喻形象(modification of metaphor)。⑦删除隐喻形象(deletion)。⑧形象加意译法再现源语形象(reproducing same metaphor combined with sense)。

中国译论家和翻译家谈论隐喻的理解与翻译的文章近年来不断增多,说明人们对这一领域的重视程度。近几年来,中国学者对隐喻翻译的探讨不断升温,比如有的学者从简单隐喻、半隐性隐喻、隐性隐喻和复杂隐喻等方面探讨英语隐喻汉译的问题,颇有启发。

(一)直译法

在理解和翻译英语中简单的隐喻时,译者主要采取直译法,在直译法达不到理想效果时,译者则会使用喻体转译法,若用此方法仍达不到要求,最后再使用意译法。英、汉两种语言的区别之一是,为数较多的英语隐喻实例完全可译成汉语的明喻。这样处理,既符合和照顾了汉语明喻使用频繁这一特点,又能较完整保留英语句子中的比喻和喻义,可以说是两全齐美。如果英语隐喻格式明显、简单易懂,属于最为典型的英语隐喻句子,如 A is B,即本体就是喻体。这种格式,在喻体之前加上比喻词 like,隐喻就可变成明喻,这类隐喻可采取直译法。

即使本体和喻体都出现在句子中,但因为两种文化中的喻体深层含义不同,与之对应的译句中的喻体完全不同于源语中的喻体,虽然喻体与形象皆有改变,但依然用显性方式体现,可用喻体转换的方式,即喻体转译法,以达到异曲同工的效果。例如:He is a dog in the manger.(释义:He holds on to a post without doing any work.)他占着茅坑不拉屎。

有些喻体在源语中生动、形象,而在译语中则无法产生同样效果。如果硬译,反而可能使句子译文莫名其妙。遇到这种情况,可放弃喻体直接进行意译。例如:His death was the last straw to her hardships.(释义:His death made her hard life unbearable.)他的去世使她无法忍受艰难困苦的生活。

半隐性隐喻,主要指英语中仅有喻体没有本体的隐喻,这类隐喻在汉语中称为"借喻"(也称为换喻或转喻)①。这类隐喻比简单隐喻的理解和翻译都难一些,因为本体通常隐而不露,故译者必须根据语境将其挖掘出来,尽可能直译应是上策。如:His industry, perseverance, and determination ultimately brought him a rich harvest.他勤奋刻苦,坚持不懈,锲而不舍,终于取得了丰硕成果。例中本体未出现,只有喻体(a rich harvest),比喻成就斐然(great achievements),类似于汉语的硕果累累。

(二)直译与意译相结合的方法

如果直译有可能产生意思不清或导致误解,译者应尽可能采取直译与意译相结合的方法进行处理。例如:At last this intermezzo came to an End.走走停停问路这段插曲终于结束了。intermezzo本是音乐术语,指歌剧幕间音乐或间奏曲。本句中,指作者到达广岛之后乘坐出租车前往市政厅会见市长的那段问路插曲。出租车司机对那段路程不熟悉,不得不时而停下来问路,因为作者过去从未有此经历,觉得很有趣,故将其比作"intermezzo(插曲)"。

如果上述两种方法都不适宜,译者只有退而求其次,采取意译法,把作者的含义明确表达出来。如:If you are unfair to me, I will certainly hang out all your dirty linen.你要是待我不公平,我就把你的那些丑事都抖露出去。句中的斜体部分是英语中的隐喻性习语,本身相当于喻体,在英语文化中的喻义可以说人尽皆知。

---

①陈雪,徐丽华.英汉隐喻的文化差异与翻译策略[J].渤海大学学报(哲学社会科学版),2018,40(04):106-110.

隐性隐喻的理解,主要指那些喻体不明显,喻义(即本体)隐喻曲折、较为含蓄的英语隐喻。这类隐喻运用范围亦较广,但理解与翻译却较前面的隐喻为困难。如:The conversation was on wings.(释义:The conversation be－came as free and cheerful as a bird flying and soaring in the sky.)谈话变得无拘无束,轻快自如。

作者将谈话比作飞翔的鸟儿,喻指谈话欢畅轻快。但作者并未直叙,而是用介词短语on wings来间接表达上述喻义,而是让喻体绕道弯儿。因此,我们说喻义较隐晦曲折。对这种隐喻,一般采取意译法,如果直译成"谈话长了翅膀"。既可能词不达意,又可能造成误译。

(三)复杂隐喻的理解与翻译

所谓复杂隐喻,主指形式和喻义均较为复杂,因而理解与翻译均颇有难度的英语隐喻。这类隐喻还可分为扩展型隐喻、包孕型隐喻和辐射型隐喻。

扩展型隐喻指有时作者顺着一个隐喻自然巧妙地扩充延展下去,以便淋漓尽致地表达思想内容或生动逼真地创造人物形象。

例19:The tree of liberty must be re freshed from time to time with blood of patriots and tyrants.It is its natural manure.(Thomas Jefferson)

译文:自由之树必须一次又一次地用爱国者和暴虐者的血液来浇灌方能生机勃勃郁郁葱葱。双方的血是它的天然肥料。

将自由比作树,树要用水浇灌才能苗壮成长,但自由之树必须常常用爱国者和暴虐者的血液来浇灌方能郁郁葱葱,枝繁叶茂。这个新颖生动的扩展式隐喻阐明了一个深刻的道理:真正美好的自由,必须用鲜血和生命的代价才能获得。

包孕型隐喻和辐射型隐喻,在连续出现的一组隐喻句中,前一隐喻句的本体和喻体,分别包含后一隐喻句的本体和喻体,这种隐喻称为包孕型隐喻。

例20:The world is a theatre, the earth a stage which God and nature do fill with actors.

译文:世界是剧院,地球是舞台,演员立其中,造化巧安排。

这是由两个显性隐喻组成的包孕型隐喻,前一隐喻是后一隐喻存在的前提,后者在前者基础上向纵深发展,从 actors 可知,该句还有一个半隐性隐喻,即人被比作演员,各种各样的人在地球这个大舞台上表演形形色色的角色。

辐射型隐喻是由一个本体多个喻体构成的隐喻,这种隐喻以一个本体为中心,借助相似点这个媒介向不同的喻体辐射出去。

例21:He that is proud eats up himself.Pride is his own glass, his own trumpet, his own chronicle.

译文:骄傲者毁灭自己。骄傲是他孤芳自赏的镜子,骄傲是他自吹的喇叭,骄傲成了他记载生命事迹的自传。

这是形式明显的辐射型隐喻,包含一个本体三个喻体。三个喻体从三个不同的方面生动形象地提示了本体(骄傲)的本质特性及其一事无成的结果。译者采用的是直译与意译相结合的方法,此译堪称佳句。

还有许多译家都有翻译修辞格的丰富经验,他们归纳整理了若干条基本原则。比如:英汉两种语言隐喻较为类似采取直译法;无法直译时采取意译法,具体做法很多,其中有增词法、引伸法、转换修辞格、转换比喻形象等。

四、翻译应变能力的培养与提高

不同文化和语言之间因为有差异,有异才需要译,没有异则无须翻译,所以说翻译是架设不同文化和语言之间的桥梁。翻译不仅仅是语言层面上的转换,而是更深层面上的文化转换。隐喻在古代作为一种修辞手段,一直受到语言学家、哲学家、修辞学家的高度重视,现在它更是被看作是人类思维的重要方式,是人们认知事物、了解世界的一种重要手段,通过它在不同语境下的巧妙使用,使人们认识到了不同文化之间的无穷奥妙,因此隐喻成了文化底蕴的代表。由于各种文化之间有着千差万别的差异,准确理解并成功翻译隐喻就成了文化交流中最为棘手的问题。

对同一原文中的隐喻,不同译者可能采取不同的翻译策略和方法,这一方面取决于不同译者对原文的不同理解,另一方面不同译者对原语民族文化所采取的态度有关。比如,在翻译中国文学巨著《红楼梦》过程中,杨宪益的目的是要把中国的民族文化尽可能多地传达给西方语者,因此大多数情况下他采用的是异化于目的语文化的策略。即使同样是异化翻译法,也可以细分,如可细分为保留原文中的意象和寓意、保留源语文本中的意象并加注释等。而霍克斯的目的则是使译文更具可读性,更易于为西方读者接受,所以较多地采用了归化于目的语文化的策略。同样是归化翻译法,归化策略也可细分为放弃源语文本中的意象,以意译其深层含义、用译语中的意象取代源语中的意象和放弃源语中的意象和寓意等。翻译的目的不同,采取的翻译方法各异,正是两个译本显示出不同风格的关键所在。

日常翻译中千万不能忽略文化及其他因素的作用,只有通盘考虑,才能译出佳品。刘勰在《文心雕龙·神思》中也谈到:"意授于思,言授于意。"意为"意思受思维支配,语言受意念支配"。翻译是在两种语言之间进行信息传递的活动。研究翻译,当然要研究两种语言不同的思维模式,隐喻化思维模式是人们开拓认识范围、激活思维,促使语言产生变化,提高语言表达能力的触媒,翻译工作者不仅应当认识到隐喻化思维模式的存在,还应当下意识地培养这种思维模式,指导翻译实践,把"隐喻意识"当作一种"思维软件"去开发、利用,提高翻译的质量。

讲到隐喻的翻译,译者还要充分考虑不同文化中隐喻的共性与个性。隐喻中的共性是普遍存在的。人类在与自然界中各种恶劣环境的搏斗与调适中,尽管地域、文化、语言等各不相同,但因为经历有许多的共性,所以高度发达的思维也有许多共性,这就为翻译提供了可供操作的基础。

隐喻中的个性是我们译者更应该关注但却至今仍然重视不够的地方。隐喻在不同文化模式中,存在着明显的差异性。不同文化中的隐喻与其独特的国情、社会、政治、历史、价值观、风俗习惯等有着密切的联系。"臭老九""铁饭碗""金饭碗""瓷饭碗""泥饭碗""下放""大锅饭""上山下乡""下海"等已为当代中国人所家喻户晓,但外国读者听到这些隐喻式表达法可能如坠云雾。对这些隐喻式表达法,译者不能直译,只能用变通手法,如意译法或直译加必要的解释等,将意思准确译出。

第六章 认知语法与意象的翻译

第一节 认知语法的概述

兰盖克强调对形成语言结构的认知原则进行研究的重要性。在他的认知语法理论中,兰盖克尝试描绘了语法的结构原则,并把它们与一般认知的某些方面联系起来。

兰盖克在其研究中试图演示那些与语言使用相关的认知机制和原则,是它们激发和允准不同复杂程度的象征单位的形成和使用。在兰盖克几乎所有的认知语法研究中,潜伏着一个基本的原则,即语法单位本身是有意义的。也就是说,语法单位本质上是一种语义单位。

兰盖克的认知语法发展了一些用于语言描写与分析的基本词汇,其中的语法概念(construct)是由语义概念来定义的,而后者本身则是根据在语言学领域之外早就被证实的认知能力来描述的。

根据语义来定义语法概念的可能性之前提是必须考虑识解。识解指的是说话人在概念中构造和组织一个表达的语义内容的方式,包括元素的相对突显程度、精细度、观察的视角等维度。许多曾被传统地认为是"毫无意义"(即缺乏稳定的语义内容)的语法区分,结果被发现是"识解上的细微差异的标记"。例如,语法上的主语/宾语之分,其实是反映了一种更普遍的、人们借以区分显景与背衬的认知能力。因此,所谓的"深层结构"的主动和被动形式并非表示相同的意义,即使具有相同的真值条件,它们在显景/背衬格局上也是不同的。

一、基于语言使用的语言研究模型

兰盖克的认知语法视角下的句法否定了深层结构的必要性,否决了转换的概念及其他本质上无法观测的构念。取而代之,认知语法提出了基于语言使用的语法模型,主张语言使用者的心理语法(mental grammar;即他的语言知识)是从具体情景下的语言使用实例中通过象征单位的抽象化过程而形成的。采用基于语言使用的模型的一个重要结果是,语言知识和语言使用(即生成语法所谓的"语言能力和语言行为")之间并不存在原则性的区别,因为语言知识即是如何使用语言的知识。基于语言使用是任何认知语法研究的核心原则①。

基于使用的语言研究模型认为语言结构的基础是现实的语言实例或曰语言使用事件(usage event)。一个用法事件即是一个"发生于话语的直接的语境中的"表达,此语境"被广义地解释为包括物质的、心理的、社会的和文化的境况",因此构成了一个"综合性的概念化过程"。在兰盖克的理论中,在语言使用者大脑中呈现的心理语法被理解为一套象征符号,用于对使用事件进行范畴化。

基于使用的语言研究模型假定,语言构建了一个规约化的

---

①刘玉梅.认知语法研究的新概括——《认知语法入门》述介[J].外国语文,2010,26(04):142-144.

语言单位(包括表达语法形式的单位)储备库,可供其使用者为交际目的而加以组合利用。这个语言单位库是建立在对语言的听与用的基础之上的:只有当一个语言表达被使用得足够多并变得固化(entrenched;即成为一个习惯或者认知常规)之后,它才变成一个单位。这些规约化的单位构成了语言交际的基础,语言使用者在此基础上通过扩展固化的概念和范畴来创造性地进行交际。

在这种视角下,一个单位是一个象征实体,它并不是由语言系统通过组合性的方式构建的,而是作为一个整体被储存和取用的。另外,在语言使用者的语法中呈现的象征符号是规约化的(conventional)。一个语言单位的规约与这种观念有关:一个语言表达能成为一种语言的语法的一部分,凭借的是它被语言社区的所有成员共同使用。因此,规约性是一个程度问题。固化和规约化在认知语法模型中的重要性源自基于使用的原则。

语言结构源自语言使用。语法知识是通过确定规约化或固化的象征结构来描述的,而这些象征结构是由语言使用者通过接触实际使用的语言表达而习得的。这意味着即使是那些为描述语言而设定的更抽象的理论概念,也和实际的话语有着直接联系,而那些缺乏语音或词汇内容的深层表达是不存在的。另外,语言使用事件中的创造性被解释为对业已存在的结构或单位所进行的实时扩展与引申。语言结构产生于语言使用,而新的语言使用则决定语言系统的未来结构。

基于使用的语言研究模型是认知语言学探索的一个令人瞩目的成就。对基于使用的研究方法来说,频率、统计模式以及更为普遍的语言经验都是至关重要的。它把兴趣重新集中到经验主义视角上，并因此为对语言和思维的研究重新打开了一种渠道，在考虑体现（embodiment）、经验和使用的同时坚定地致力于对认知结构和过程的研究。

我们不难看出，这种语言系统的新视角具有深远的意义，尽管对于那些以生成语言学为理论基础的翻译家来说这种意义是消极的。那种建立在假定的深层结构之上的翻译对等概念不再可信甚至不再有存在的必要。留给译者的，现在唯有可以看得见的、表层的结构。与乔姆斯基式的观点不同的是，把语言表达视为非派生的使用事件的观点，使得人们不再停留于结构主义语言学的翻译观所倡导的"规则支配的对等关系"。对致力于寻求一致而有效的翻译理论的认知语言学流派的翻译理论家来说，这是一个理想的理论框架。

二、语法与意义

认知语法视角下的语言只包括三种单位：语义单位（概念）、象征单位（语法、词汇、形态）和音位单位（语音）。象征单位把其他两类单位联系起来。由此可见，认知语法并非限于对缺乏意义的语法结构的分析。

语法是有意义的，这是认知语言学家在过去的二十年中一直强调的一个论点。可以确信的是此观点是有争议的，并与绝大多数形式主义的语法研究方法是截然对立的。兰盖克把形式主义语言学的句法描述为"空洞符号的推算"。

认知语言学的倡导者不接受形式系统句法观的合法性，而是提议把语法视为有一定结构的一套图式化象征单位。这些象征结构用于创建、构造和融合较具体的形式/意义（即词素、词、短语、小句等),而这些形式/意义对本身也是象征单位。

语法单位有其意义,如同词库中的词有其意义一样。句法和词汇之间并无本质区别,词汇、形态和语法构成了一个连续体。词库中的一个词表示一种认知加工,这即是其意义。同样,名词词类也表示一种认知加工,这也是其意义,而动词词类表示另一种不同的认知加工,那也是它的意义。不同的名词类(例如可数名词与不可数名词)表示不同的"名词"认知。

一个广为接受的观点是,语言是象征性的,由一套把音系表征和语义表征联系在一起的语言符号组成。然而,传统的理论把这种关系限定于词汇层面上。不同的是,认知语法认为语法(即形态结构与句法结构)和词汇一样也是象征性的,同样包括音系和语义两极以及两者之间的联系。因此,语法和语义成分不能被隔离开来加以对待,这是一个与许多其他语言学理论非常不同的观点。语法用以强调场景的某些方面,或者突出观察场景的某个角度。两个句子可以具有相同的真值并可以互换使用,但由于它们不同的语法结构,它们在语义上也会有差别,通过不同的意象来展现相同的场景,这意味着一个概念化情景的完整语义值是由其内容和我们组织或识解此内容的方式所构成的函数。因此,不同的表达尽管可以描述相同的经验,但如果它们使用不同的意象,那么它们在语义上就是不同的。既然这些不同的意象是通过语法和词汇两方面来传达的,那么在使用不同的语法结构来描述同一个经验时,不同的表达就会存在语义差异。

意义和语法被视为是相互依存、相互补充的。认知语法研究语言单位以及语言系统本身,并试图去解释这个语言系统是如何与概念系统相联系的,而后者则进而与身体经验相关。

象征原则的采取对语法的认知研究有着重要影响。形式不能脱离意义来研究,这意味着认知视角下的语法研究是对组成一种语言的各种单位的研究,从词汇单位到语法单位。例如,认知语言学家声称,句子的语法形式与其(图式化的,schematic)意义的配对方式,和像"cat"之类的词所代表的形式与(内容,content)意义的配对方式并无区别。语法单位有着固有的意义,这一观点是认知语法研究的一个重要主旨,并导致产生了词汇–语法连续体(lexicon – grammar continuum)概念。在这个连续体中,像"cat"之类的实词与被动句或双宾语等语法结构都算作象征单位,但它们在相关的"意义潜能"的性质上是不同的。

一个心理场景可以多种方式去描绘,甚至同一个人在不同的时刻所处理的方式就有可能不同。在认知语言学中,这种识解现象有着重要的语言学意义。例如,对于同一个有着客观现实性的事件,不同的人其识解方式可能会不同,甚至同一个人在不同的话语场合也会不同,这便导致了语言表达的差异。此处所要突出论证的主要思想是,语法结构可以在一个话语的内容之上施加特定的识解。

例如显景/背衬结构(figure/ground organization)和句子的识解,自然语言以语法主语的形式反映了这种认知现象。在诸如乔姆斯基的生成语法的语言理论中,主语是纯粹的形式概念,直接被排斥于认知结构考虑之外。简言之,关于此问题的普遍接受的看法,是认为主语没有任何概念内容。然而,认知语言学对此持完全相反的观点。语法主语赋予其所代表的成分一种焦点式的突显,而把其他的动词论元贬为次要成员或参照点。这与显景/背衬结构是类似的,其中背衬即是作为显景的参照点。

类似显景的主语突显似乎可以适用于所有类型的句子。例如下例中主动和被动变化的语法现象。

例1:A:Tom hit bill.

B:Bill was hit by Tom.

主动句和被动句中的主语选择之诱因,皆源自是把施事者还是受事者放在注意的中心。如果在概念上施事者比受事者更加突显,那么说话人就会使用主动的语句;如果情形相反,那么说话人则会构建出被动的句子。此结构显然说明英语中的主语是由注意来驱动的,因此不能简单归结为纯粹的形式范畴。

这绝不是一句微不足道的话,因为它使我们不得不去考虑"主动和被动结构在概念上有什么差异"这个问题。认知语言学对主语/补足语不对称现象的分析显示,语态有着复杂的概念反射形式,即主语被突显并反映了概念化的视角。图6-1勾勒了这种由语态所造成的突显上的差异。注意在两个结构中,突显都是指向主语的,不管与主语相关的语义角色如何。因此,在图6-1(a)中所表示的主动语态结构把焦点突显给予了施事者,而图6-1(b)所描绘的被动语态结构则把同样的焦点突显给了受事者。

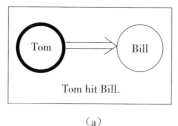 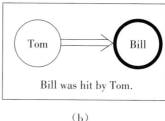

（a）　　　　　　　　　　　　　　（b）

图6-1　主动和被动结构的概念差异

由语态变化导致的识解视角差异因此取决于句法关系（例如主语/宾语格局）而不取决于语义角色。这是一个有趣的结论，因为它意味着尽管许多主动/被动变化在真值条件上相同，这些句子在识解上其实是不同的。这么看来句法的不同似乎导致了概念化格局上的不同。尽管这显得很微妙，其中的差别的确有迹可循，虽然有时候这种差别只是一种倾向而已。

三、对翻译的启示

兰盖克是从单一语言的角度来谈语法的象征本质的，但其讨论可以很自然地扩展到翻译问题上来。虽然把真值条件从一种语言传达到另一种语言是可能的，但考察用以传达这些真值条件的句法结构是必要的。按照认知语法理论，使用不同的句法结构将会强调不同的方面，在翻译中意识到这一点是很重要的。为了说明这一点，我们可以考察英汉翻译中英语的名词化、被动化以及长复句等句法结构的处理。在翻译成汉语时，普遍的句法准则是汉语更倾向于动词化、主动化和短简句结构。因此，英语中的名词化被译为汉语的动词性结构是最普遍的方式。虽然这通常是无可争议的事实，我们却不可忽视不同的句法结构所反映的不同的概念化结构。如上所述,由语言表达所指定的、在场景之上所施加的不同意象,构成不同的心理体验。按照兰盖克的观点,心理体验是一系列连续的认知事件(cognitive event),而一个认知事件是具有任意复杂程度的认知发生。通过复杂的认知操作过程,我们构建起关于现实的理解。因此,为了充分认识翻译活动,我们需要密切关注原文和译文读者的心理体验。

兰盖克断言,即使我们感到认知能力和经验可以穿越文化来进行比较,但却不能够假定语义结构的共通性。从以上对认知语义学以及认知语法的某些方面的概述中我们可以清楚地看到,意义不是一种客观的属性,而是由认知加工和概念化过程所构建的产物。按照兰盖克等的观点,我们对于现实的认知理解是由经验和认知运作形成的,而且从意义和语义上讲,重要的不是真实世界的客观现实,而是我们对现实的认识。与此观点相关的一个重要事实是,这种认识与真实世界是不尽相同的,而且不同的人对现实的认识也是不尽相同的。

既然不同语言的概念系统之间存在差异,那么是什么造成了语言之间翻译的可能性呢?这可以由我们的概念化能力来进行解释。在一个概念系统和一种语言内,我们能够以不同的方式来概念化一个认知域。因此,有了相似的基本经验和对认知域的相似的概念化方式,学习和理解另一种语言便是可能的,因为我们拥有构建新的概念系统的能力。

不同语言具有不同的概念系统。语言之间的交流和翻译之所以可能,是因为人类有着相似的基本经验和类似的认知能力,这使不同的语言拥有一些共同的概念结构。雷可夫指出,一些人类基本的经验是普遍的(例如对物质对象基本层次的感知），在这方面，理解和翻译都不会有困难。认知语言学否认了语义结构的普遍性，即使属于不同语言和文化的人们可能有着共同的认知能力和基本经验，但许多概念不是共有的（例如，基于文化或隐喻的概念）。具体的认知经验和概念化方式是产生语言特定的概念系统和概念结构的认知根源。绝大多数情况下，把概念内容从一种语言转移到另一种概念化方式迥异的语言中是可能的，但是这样做的时候，概念的组织和概念内容的识解方式并不总是能够得到保留。事实上，在翻译中完全传达且仅传达原文的意义往往是不可能的。

　　我们从中可以得到的具体启示是，翻译理论必须明确说明这样一个认识：源语和目的语词项和句法结构之间的匹配或者映射并不总是妥当的。语言使用是与概念化和概念结构密不可分的，概念结构在意义构建中的重要性意味着翻译需要充分重视语法形式的认知功能。为了成功地完成翻译活动，只关注词汇、句法结构、语篇特征、翻译目的等是不够的。我们还需要考虑两种语言所反映的概念结构，认识差异并做出必要补偿。这首先要求我们意识到，一种语言的使用方式所反映的概念化结构，与它在另一种语言中表面上对等的结构可能不同。它们可能表示不同的概念或者概念的不同方面。因此，译者应该意识到使用目的语来构建源语的概念结构的必要，认识到源语概念可能与目的语概念有所不同，而不是试图把两种语言（目的语和源语）表达同一个概念内容的形式进行匹配。这对于与文化高度相关的概念无疑是适用的。例如，学英语的学生将会注意到汉语中的"龙"与英语中的"dragon"以及汉语中的"丧家犬"与英语中的"homeless dog"之间的区别。但是对于语法结构而言,情况并非总是这么明晰。试对比下面两个结构。

例2:A:Her husband has been dead for three years.

B:她的丈夫死了三年了。

英语学习者可能会毫不犹豫地把两个结构看作是对等的,而很少注意到两者的句法差异,也因此不大会去思考两个结构所反映的概念差异:B强调两个时间点,即她丈夫死的时间和说这句话当时的时间,而A由于使用了静态谓语的完成形式,关注更多的则是两个时间点之间所流逝的时间。这可以用图6-2来描绘,其中加粗的线或圆圈代表强调的方面。句子A和B之间在概念化上的差异可以通过下面的事实来证明:把句子A变为"Her husband has been dead since the earthquake three years ago."是完全可以接受的,但是相应地把B改为"自从二年前的那场地震她丈夫就死了"则直觉上感觉有些异常,因为"since"短语及其对应的中文短语"自从"都强调事件的持续性,因而会与b本来对两个时间点的强调产生认知上的冲突。

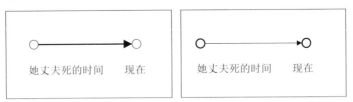

图6-2　不同结构导致的注意焦点差异

表面上,这个例子显示了两种语言中的不同句法结构之间的区别,但最好的解释应该是,两种语言的不同结构反映了它们对时间及其流逝的不同的概念化方式。

因此,可以断言的是,翻译不是简单地把一种语言形式中

"包含"的语义内容传达到另一种语言形式中去,语言形式也不仅仅是一个"外壳"或者"运载工具"。翻译中对语体风格的强调也许是出于同样的考虑,但认知的语言翻译观从认知加工和概念化的层面来看待和解释此问题,而不是根据表层的语言特征加以分析。译者应该认识到,不同的语言系统具有不同的概念格局,当遇到这种反映在语言结构之中的差异时,译者就应该学会识别它们,并继而以一种更加深入概念和认知的方式去进行翻译。为此目的,兰盖克认知语法的意象理论对于捕获不同形式的意义之间的细微差异特别有用。

第二节　认知语法的意象理论

语法的存在是为了传达意义,这大概是任何流派的语言学家都会接受的。然而,认知语言学家在此问题上更进一步,认为语法自身即是有意义的。可以确信的是,这种观点对于大多数语言学家而言是相当陌生的,因为在传统的组合性原则假设的熏陶下,他们认为句子或短语的意义是其所含的词的意义以正确的方式相加之和。稍微简化一点,组合性观点认为:句法按照词的语法范畴把它们组装成结构成分和从句,而词则负责承载意义,所以只要把单独的词的意义相加,就可以得到句子的最终意义。

从认知语言学的角度来看,语法远不止这些。句法结构具有超越所谓的逻辑形式关系之外的语义。一个主要意义是,句法为语言表达的概念内容提供一个视角。即句法以某种特定的方式突出一种语言表达的概念内容的某一方面,而与此同时会忽略概念化的其他方面。简言之,句法可以导致意象的变化。我们下面将会看到,句法结构的不同意味着概念结构的不同。

构造和表达语义内容的过程中语言规约的相互作用当然地构成了认知语法的研究主题。但是"构造和表达语义内容"同时也是文体学的研究主题,两者都从诸多方面考虑语言使用者对语言表达所做的选择。但是兰盖克认为,"以不同方式去识解和构造一个概念内容"是人类的一种认知能力。兰盖克用术语"imagery"(意象)来表示这种能力。

在兰盖克的概念中,语法是意象的体现,也即是语法用于强调概念场景的某些方面或者突显观察场景的某个角度。两个句子可能具有相同的语义内容并可以相互替换,但是由于使用了不同的语法结构,它们在语义上就有所不同,因为它们使用不同的意象来呈现同一个场景。既然这些不同的意象是通过语法和词汇手段来传达的,那么如果使用不同的语法结构去描述同一个体验,这些表达在语义上就会不同。兰盖克所指的意象并不仅仅特指文学中常用的"华丽而诗化的意象"(rich or poetic imagery),或者心理学中所用的"心理或感官意象",但是又与它们有着密切的关系。作为认知语法的一个关键概念,意象被描述得非常精确而周密,对其各维度的界定也非常详细。

一、意象的概念

兰盖克在其理论中有意选择了"意象"这个词,也许能让我们想到这个术语在其他研究领域中的应用。意象这一概念也是为认知语言学提供了理论基础的认知心理学中的一个至关重要的概念,同时它还用于文学研究中,被视为诗学语言的一个非常基本的属性。每个学科都以自己的方式对它进行了定义,而且这些定义在许多方面和维度上是不同的。但是术语上的相同并非巧合,而是由于它们有着可以觉察的密切关系。可以确信的是,在兰盖克决定使用这个术语时,他一定清楚它在别的相关学科中的使用。因此,在我们分析认知语法中的意象之前,先简单考察一下它在心理学和文学中的用法。

在认知心理学中,意象被定义为一个心理过程,是物体和事件的非语言表征在大脑中的形成。支配意象的一个规则是,它们必须体现某种视角:意象的形成,要求必须有一个人(或者类似人的事物)去看或者观察它,去识别和确定它所具有的属性,是这些属性使它成为某事物之意象。作为其固有的一个方面,意象之中必然存在一个特定的"视角",这个假定对于意象在语言学和文学中的理解都是至关重要的。

最初意象的形成是来自环境的直接感官刺激的结果,但随着时间流逝和人类自身体验的增加,人们的内在化知识形成一个有组织的认知结构系统,被编码于记忆之中并在需要时可以被调用,以构建经验和调节行为。这种心理意象变得规约化,即在社会互动的过程中心理意象的那些个体和特异的因素被剔除,只留下那些属于通用系统的"共有的知识"被编码于记忆中。就这样原有的视角逐渐变成了规约化的或"无标记的"由无名的一般观察者所持的视角。正是个体与普遍之间的这种动态相互关系最终形成了语言的表达意象的概念是兰盖克语法理论的基石,是联系心理体验和其语言构建的重要环节。然而,一种语言的语法是某种已被稳固确立和允准的"视角"的规约化产物,因而语言学家感兴趣的主要在于被兰盖克定义为"规约意象"的那些东西。那么文学研究者的兴趣似乎恰恰始于语言学家的兴趣终结之处:在文学研究中,"意象"偏偏是非规约化的。

文学中的意象通常被理解为等同于"诗化意象"(poetic imagery),并一直被视为诗歌的灵魂、美的源泉和"语言艺术的精华"。它被认为是诗化语言所独有的特征,在传统上与所谓的形象化语言或隐喻语言联系在一起,并仅用于对诗化隐喻、象征符号、寓言等"话语之形象"的研究中。一个文本中出现的形象化语言表达必须达到显著的密集程度且以美学效果为其主要目的,才能成为意象的一个具体体现。

然而,这只是一个更普遍现象的其中一个方面。"描绘事物"的能力是人类语言的普遍具有的一种基本属性,而"语言意义(一部分或者在某种程度上)是意象,或者至少与意象密切相关"。对于文学隐喻的最新研究显示,所有语言使用者都依赖相同的概念手段。一个诗人的才智在于他能够"引申、构造和表达"那些共有的基本隐喻,即"其使用已经变得规约化、无意识、习惯性且通常不被觉察的"那些概念隐喻。事实上,隐喻在自然语言中的普遍存在说明"形象化语言"并非文学所独有的要素,而文学意象"可能仅仅反映了在语言行为中认知意象的高度创造性和能产性功能"。

因此,把意象作为所有语言使用实例的一个特征是完全自然的。此立场不但与把诗化语言作为语言(而非它的某个变体)的一个功能的观念相符,而且顺应了语体风格是所有文本的属性的观点。一些批评家对文学文本中意象之本质的看法也反映这种方法。约翰·A.卡顿在其权威的《文学术语词典》中给"意象"下的定义是:"作为一个广义的概念,意象是指针对以下目的的语言使用:表现事物、行为、情感、思想、意念、心境以及任何感官或超感官的体验。"

认知心理学和文学研究领域显然是有交叉的。一个显而易见的证据是,它们都对诗化意象和作为心理过程的意象之间的关系感兴趣。它们与语言学研究领域的交叉也同样明显,而这事实上也是认知语言学的一个基本假定。

意象形成的心理过程反映在语言和语言的使用中,这种观点不是独自由认知语言学家提出来的。它内在于绝大多数语言哲学家的思想之中,构成了绝大多数传统语法的基石。认知语言学的功劳不是在于重新揭示了一些众所周知的观点,而在于把它们纳入一个内部协调的系统,此系统与当前认知科学的发现是完全一致的,而后者正是认知语言学不断加以考虑的。

兰盖克及其追随者不断地声称,自然语言的本质不能脱离人类认知的一般过程去理解。由于在这些过程中意象的形成是最根本的,所以可以很自然地设想,意象为绝大多数语义结构提供了概念基础,此假设与关于认知的心理学理论是完全相符的。

人类的意象形成机制是基本相同的,这构成了语言交流和翻译的基础。这些系统与语言的表达手段是相关的,但是因为意象的规约化过程是受文化、社会和历史因素制约的,特定的表达手段自然会因语言而异。此外,意象构建系统的运作还依赖于特定的语言使用者及其实施的具体的情景识解行为,即通过选择某个可用的方法来描述特定的概念化情景,从而以某种特定的方式来识解概念内容。

兰盖克认为语法意义和词汇意义除了抽象程度不同之外并无本质差异,因而应该是语言意义的合法的一部分。语言使用者在选择一个语法范畴或者语法结构时,通常会考虑它所传达的意象,尽管对于绝大多数的语言使用者来说,这种考虑基本上是无意识的一种语言直觉。话语产物,或者说个体的识解,是因语言使用者而异的。对语言的选择是受说话者的需要和意图驱动的,尽管可能所有的选择都在语言规约所容许的范围之内,但它们所传达的特定意象的规约化程度却大可不同,因为语言规约化是一个程度问题。

二、意象与场景识解

尽管兰盖克本人在使用这个词的时候刻意避免沿用其"文学"意义(即隐喻语言)和"心理学"意义(即"心理意象"),他的意象概念与两者没有任何冲突。用他自己的话说:意象是人们"为了思维或表达之目的,以不同方式——使用不同的意象——去识解一个构想情景的能力"。兰盖克解释说:一个构想情景的完整概念值或语义值,是由其内容和我们组织此内容的方式所构成的函数。我们具有调整的能力,可以把一种概念化结构转换成另一种内容大致相同但识解方式迥异的概念化结构。

The full conceptual or semantic value of a conceived situation is a function of not only its "content",but also how we structure this content.We are capable of making adjustments, thereby transforming one conceptualization into another that is roughly equivalent in terms of content but possibly quite different in terms of how this content is construed.

在对意象的描述和理解中,"识解"这一概念至关重要:它一方面指理解某事物之意义;另一方面还表示使用某个语法结构来表达特定的意义。前者是相对于语言使用者而言的,而后者则涉及对语言所提供的可用资源做出的选择①。

根据兰盖克的观点,特定的概念化内容与该内容被赋予的特定识解方式两者之间是相互依存的,而意象则源自这种相互依存关系。这个论点的后者显而易见:意义不等于真值条件。意义是语义内容和语法所表示的特定识解方式的合成物,因此语法不仅仅是意义的载体或容器,它本身即是意义的一部分。一种语言表达所唤起的概念内容是它的意义,但是同时,用来构建该内容的结构形式也是它的意义。我们可以使用许多不同的语言形式来构造同一个概念内容,但是用来构想和描绘同一情景的每个特定的方式都必然会给该情景施加一个特定的识解。

三、意象与文体风格

应该明确指出的是,在兰盖克的理论框架中,意象这个术语并不一定指视觉丰富的感知对象(visually rich percepts),而是指我们构想和表达一个特定情境的方式。为了用不同方式描绘一个场景之目的,在一种语言可以提供的所有手段之中,对语言结构所做的个体性的特异选择构成了传统上所指的

---

① 李娇. 从意象图式看隐喻的构建与识解[J]. 考试周刊,2010(50):91-93.

"语体变化"。

在描述他的"语法作为意象"的理论时,兰盖克只是很偶然且间接地提到语体风格。下面里奇和肖特所总结的文体的定义似乎与兰盖克的意象概念有十分显著的共同之处:文体就是语言的使用方式,也就是从语言提供的手段之中所做的选择。文体选择局限于语言选择中与相同内容的不同描述方式相关的那些方面。

Style is a way in which language is used; therefore it consists in choices made from the repertoire of the language. Stylistic choice is limited to those aspects of linguistic choice which concern alternative ways of rendering the same subject matter.

兰盖克的意象与里奇和肖特的文体概念之间的根本差别,在于这样一个事实:兰盖克所使用的意象指的是概念化的一个基本特征,即我们用不同的方式去"构造"和"识解"概念内容的认知能力;而里奇和肖特把文体视为语言使用的一种方式,也就是说,意象是在认知层而上运作的,而文体则更像是意象的外在结果。意象概念使得对于文体的研究及翻译深入到了认知过程的层面,不再停留在其表面结果之上。事实上,意象已变成最近出现的名为认知诗学或认知文体学的新领域中一个最重要的概念。

除了在语言所提供的手段之中以不同方式描述一个场景时对语言结构进行选择所导致的文体差异之外,不同的识解也可能产生于两种或多种语言的并置对比,并可能被视为"翻译对等物"。因此,翻译对等的一个重要成分会是意象层面上的对等。

作为具有创造心理意象能力的人类思维的一个属性,意象被直接反映在语言之中,且因此是所有文本的一个关键属性(规约意象);它的扩展引申(诗化意象)构成了文学文本(尤其是诗歌)的精髓。不同类型的文本之间的区别在于(概念化层面上的)规约化程度,而且在具体的情况下取决于在规约约束下所做的独特选择。

探讨兰盖克所界定的意象,并系统结合文体的相关方面,可以为文学翻译提供一个对重要规律和总体倾向的全面描述。

第三节 翻译中的认知对等

翻译对等的地位和性质一直是不同的翻译研究流派要面对的一个中心问题,无论是作为一个关键的理论概念,还是被视为一个"幻想"。Tabakowska把有关翻译对等的研究分为三种主要的倾向:第一种态度是明确提倡或接受对等,尽管在理解上存在许多不同,这个阵营中的主力是所谓的"翻译语言学派"。第二种情形,对等的存在是隐含的,它表现为某种"读者反应相似"——一个名声不佳的概念。这通常主要是文学方向翻译理论家的立场。最后一种倾向是,对等的概念被视为翻译不可能达到的目标并因此被抵制或否决,这是基于文化的翻译研究模式的态度。以下我们首先简单回顾一下对翻译对等的主要研究。

一、先前的研究

作为翻译的中心议题,对等的定义、本质及其在翻译理论领域中的适用性导致了持久而激烈的争论,并由此产生了各种针对对等概念的观点和理解。

卡特福德、雅各布森和奈达都曾把对等作为他们各自的翻译理论中的核心概念。他们的理论的一个最显著的共同点是,他们都至少在很大程度上建立在某种形式的语言学理论之上。卡特福德依赖的是弗斯和韩礼德建立的系统功能语言学,雅各布森依赖的是结构主义和符号学,而奈达依赖的是乔姆斯基的转换生成语法和信息理论。在肯定对等概念重要性的同时,他们都承认翻译对等在本质上是相对的,完全对等在两种语言的表达之间是不存在的:卡特福德提出了"翻译变化"(translation shifts)的概念并把它定义为"在把源语转换为目的语的过程中发生的偏离了形式对应的现象";雅各布森引入了"差异之中寻求对等"的概念;而奈达则区分了"对等"和"相同"。

属于 Tabakowska 所做的上述分类的第二种倾向的学者们提出了一种更加动态的方法,他们把接受者纳入了考虑之中,研究原文和译文对它们的接受者产生的影响的对等。对这种反应的研究引入了一些概念——例如原文和译文接受者的"背景知识"(background knowledge)和"经验"(experience)等——来解释接受者之间因属于不同的语言和文化群体而存在的差异。然而,他们并没有能够把它们和更加严密的理论分析体系结合起来,也没有为他们的描述形成任何元语言。因此,对源语和目的语接受者的反应的研究还只停留在直觉水平。

在第三个阵营中,Snell - Hornby 也许是对等概念的反对者中最有代表性的。她认为翻译中的对等是一种"不可靠的幻想"。她强调说,翻译过程不能沦为像卡特福德等所声称的一种单纯的语言活动,因为其中涉及诸多其他因素,例如语篇、文化和情景等方面,在翻译时这些都需要考虑在内。换句话说,她不认为语言学是唯一使人们能够进行翻译的学科,因为翻译同时涉及不同的文化和不同的情景,而这些在不同语言之间并非总是对应的。

"翻译对等"的反对者还包括苏珊·巴斯奈特。在她的极具影响力的《翻译研究》一书中,她通过引用 James Holmes 和 Raymond van den Broeck 两人的观点表达了对"翻译对等"概念的批评。Holmes 认为使用对等这个术语是"有悖常理的"(perverse),因为"要求(译作和原作)相同的确是太过分了"。van den Broeck 则指出,"对等"在数学上的精确含义对于它在翻译理论中的应用而言是一个严重的"障碍"。

翻译领域中的另一位杰出人物 Andre Lefevere,在他为 Bistra Alexieva 的文章"A Cognitive Approach to Translation Equivalence"写的导言中说:"概念化将成为翻译研究中一个关键的概念,并可能赋予'对等'新的生命。"他指出,作者和译者不可能以同样的方式去概念化一个情景,尤其是对于时间和空间距离比较遥远的情景。对此他进一步解释说,不仅个人(作者和译者)不是以相同的方式概念化相同的情景的,而且不同的语言也通常不是这样。事实上,不同的语言往往选择一个情景的不同特征来加以显在地表述。"没有一个作者,也没有任何语言,会去描述一个情景的每一个细节。"相反,只是某种轮廓被勾勒出来,然后就留给读者去唤起和构想完整的情景,而其结果不一定和作者大脑中的情景完全一样,或者用一种语言描述的情景与用另一种语言描述的也不一定完全一样。不同语言所选取加以描述的不同的情景特征通常在语义层面上并不对应,尽管语义对等是奈达所提出的翻译对等的一个最重要的条件。例如,在英语中可以说一个人"sits in his pants",而在汉语中则要说这个人"赤膊坐着"。Lefevere然后提出一种在概念层次上而不是在句法片段层次上运作的"对等"。

针对上述巴斯奈特引用过的James Holmes和Raymondvan den Broeck两人对翻译对等概念的批评,Alexieva指出,尽管"equivalence"既可用于数学也可用于翻译研究中,但却表示两个不同的概念,只要对两种不同的使用做出准确的定义,这个词的多义性并不会对它在不同领域中恰当的使用和理解构成障碍。Alexieva提出了由特定于语言和文化的认知和经验模型所决定的深层语义结构。在分析了这种深层语义结构的语用等层面上的显隐格局之后,她提出:如果在文本的产出过程中,源语文本的功能内容被以一种符合目的语用法的典型认知和经验模型的方式转换成目的语文本,并且因此保证目的语接受者对此功能内容的接受与源语接受者对此功能内容的接受相同或者接近相同,那么有关文本则可被视为翻译上是对等的。

Tabakowska主张文学翻译中的对等应该以诗学的方式来考虑并最终解释。她使用"诗学"的意思是指"一种特定的语言功能;在文本中组织信息结构的方式,语言学的一个有机部分"。她的翻译诗学把对等置于篇章结构上来考虑,"在整个文本中确定对等",从而提出一种整体方法(holistic approach)。她采用了一种认知语法方法,探讨了文本"诗学价值"(poetic value)的对等,或者如雅各布森提出的"差异之中寻求对等"。她把对等的本质描述为既是主观的(经验的、个人的、直觉的),又是客观的(受语言、社会、历史的规约和习惯的约束),把对等的单位视为与兰盖克的语法意象理论中所描述的"意象"(image)。她的翻译对等概念建立在意象的层面上,被定义为意象(场景识解)之间的一致,这意味着可能需要选取在任何"语言学层次上"都似乎完全无法比较的成分来作为"对等物"。

二、对等概念的可取性

任何译本,只要能被称为一个翻译,都必然和一个原文存在某种关系,如果考虑到这个不可否认的事实,对等概念在翻译研究中享有的声誉便不难理解。所有的争议可以说都与对一个问题的回答有关,而这个问题是任何一个翻译研究理论家都无法避免的:译文和原文之间的关系可以被称为"对等"吗?根据对于这个问题的不同回答,另外两个问题接踵而来:如果可以,那么对等的本质和条件是什么?如果不可以,那么应该如何称呼它?

一个一致接受的事实是,一个文本要能够被称为另一个文本的翻译,必须有一种东西把它们联系起来,无论这种"东西"是被称为"翻译对等""深层结构"还是"中间比照物"[①]。既然

[①]常丽娟,鄂丽艳. 对等理论在英汉翻译中的运用[J]. 黑龙江教育学院学报,2010,29(01):144-145.

必须有一个概念来捕捉这种关系,我们似乎不得不在发明一个新的术语和保留当前的术语但赋予其新的生命之间进行选择。考虑到意义的本质和语言形式的功能,不存在一种可以独立于任何特定的语言之外的被称为普遍语义的东西,因而选择上述的另外两个术语引发的争议和造成的问题会更大。如果把"对等"一词理解为"相同"或"完全等同",那么反对在翻译研究中使用这个词无疑是合理的,但是正如 Alexieva 所指出的,只要对"对等"这个术语的不同使用界定清楚,它在数学上的精确含义就不会对它在翻译理论中的使用构成任何障碍。因此,我们需要的是在翻译理论中更加严格地限定对等,而不需要发明新的术语。

三、认知视角下的翻译

对等现在我们可以着手来界定"翻译对待的性质和条件",也即是,我们要问答下面这个问题:翻译对等可以并且确实存在于什么层面上和什么情况下?

就第一个方面而言,翻译对等的本质是:它是同时依具体语言和依具体文本而定的。任何一个单独的、特定的翻译行为都必须以一个单独的、特定的接受和理解为前提,但同时此过程的两个阶段又都是受语言、社会、历史规约限制的。这样,主观的和客观的相结合就导致了一个独特的产物。从此意义上讲,在认知语言学的理论框架内,对一个翻译的识解就像对一个场景的识解一样。因此,我们可以想象,前者的某些相关特征可以反映后者的相关特征,即意象的维度。

对于翻译对等的单位,即翻译中需要达到对等的是什么,是词或者甚至词的片段,还是较大的单位,人们的意见也不一致。翻译学者多多少少都一致认为,建立在源语和目的语的词的层面上的对等关系显然是不现实、不可能的,因为语言的语义系统是相互不同的,而那些认为对等应存在于整篇文本之间的人的看法则过于含糊而难有任何用处。如今多数赞成使用对等概念的翻译理论家,会把翻译对等限定于比词要大比整篇文本要小的单位。翻译单位的大小和本质应该实际如何还是个有待解决的问题。

也正是在这方面认知语言学理论框架似乎打开了某些新的充满希望的视角。意象的概念可以为阐释翻译单位的本质提供新的启示。翻译的单位可被视为与"概念场景"(mental scene)重叠,而后者是由概念内容和施加在此内容之上的意象的结合。根据菲尔墨的定义,我们此处使用"场景"一词的最广的意义,不仅包括视觉场景,而且包括"任何一种连贯的人类信念、行动、经验或想象等的片段,无论大小"。兰盖克也使用这个词来表示基本相同的意思:"场景"是概念化主体在某场合下对某构想的实体或情景做出的一次识解的结果。那么整篇文本则可被视为由此类场景构成的一个连贯和一致的网络,而它们之间的相互关系可以依据一系列的参数来确立,这些参数与兰盖克在其认知语法理论中描述的意象维度是对应的。

正是这些维度将构成声名不佳的翻译对等的参数,而它们的具体格局将解释每一个单独的概念化(即文本)独有的特点。某种语言所独有的那些方面,将因此属于特定的维度与其在该语言中的特定表现形式之间的个别配对。

因此一个很自然的结论是,建立在概念层面上的并被定义为概念场景一致的翻译对等,可能需要选取在任何"语言学层次上"都似乎完全无法比较的成分来作为"对等物"。从此意义上讲,一个合格的译者当然要能直觉地意识到它们是对等的。译者因此必须能够发现和识别源语和目的语中语言的微妙之处:细微的语义差别,不管是概念内容上的还是意象维度方面的。引用 Tabakowska 关于翻译过程的绘画隐喻:译者必须有能力识别各维度(如同画家画笔的一次次挥舞)共存合作以创造一幅完整而和谐的图画的微妙方式。

从这个意义上讲,认知语言学的价值,不是在于它对人类语言的真正本质有什么重大发现,而是因为它使得我们能够系统分析人们建立在古老的经验之上的语言直觉。

第七章　认知语义学与翻译

第一节　认知语义学概述

一、语言意义的本质问题

虽然认知语言学尚未形成一个统一的理论框架,但研究不同课题的认知语言学家有着几个共同的理论假设,具体有如下要点:①意义就是概念化,也就是说,某一词语的意义等于说话者或听话者大脑中被激活的概念。因此,意义可看作是词语和大脑之间的一种关系,而不直接是词语和世界之间的关系。②词语和更大的语言单位均是进入开放型的知识网络的入口。要完全解释某一词语的意义,常常需要考虑可视与不可视的意象、隐喻联想、思维模型和大众对世界的理解。因此,一个词的意义一般无法通过星星点点的词典定义之类的形式来解释。③范畴不是通过标准-特征模型或者是由必要和充分条件决定的成员身分而确定的。相反,范畴是围绕原型、家族相似和范畴内部成员之间的主观关系而组成的。④是否合乎语法的判断涉及范畴化,因为说话者认为某一话语是某一公认的语言模式可以接受的成员之一。因此,合乎语法性的判断是渐进的,不是非此即彼的情况,这种判断依赖语境的微妙关系和语法规约。⑤认知语言学家在一般认知方面寻找语言现象的对等物("认知"语言学也因此得名)。心理学方面有关人类范畴化、注意力、记忆力等研究成果被用来直接武装语言理论。⑥句法被看作是语音赖以传达意义的规约模型。因此,句法不需要自身特殊的原始形态和理论架构。语法知识通过设立说话者凭借接触实际出现的话语而获得的规约化或已确立的符号模型得到描述①。

语言理念中最基本的问题是对意义本质的看法以及意义研究的方法。Langacker 认为意义是一种认知现象,因此最终必须从认知的角度对此进行分析。认知语法将意义等同于概念化(conceptualization)。在基本取向方面,认知语法与认知心理学和人工智能有共同的兴趣,但认知语法的源头和动力主要来自语言本身,要确定有效地解释语言结构究竟需要一些什么,只有语言分析才能提供一个坚实的基础。心理学和人工智能领域并没有语言学家所需要的现成模式。Langacker 指出,"语言的象征性决定了意义的中心单位。意义是语言存在的理由。语法仅仅是语义内容的组织手段与象征形式。"

Leonard Talmy 是认知语义学的先驱人物之一,从 20 世纪70 年代初就开始发表有关语义与认知方面的文章。2000 年出版的《认知语义学导论》是他近 30 年来研究成果的集大成之作。全书分上、下两卷:第一卷共八章,重点讨论概念内容在语言中体现的方式和过程(patterns and processes);第二卷也是八章,重点讨论概念结构的分类,概念结构在文化和叙述体中

---

① 杨俊霞. 基于认知语义学的词汇表征与语篇研究[J]. 语文建设,2015(26):4-5.

的处理等。

在 Talmy 看来,"……在'语义学'前面加上'认知'这个词是多此一举,因为语义学本质上是认知的。加上这个修饰词——除了标志传统语义学中所缺乏的心理方法外,还因为存在其他的语义学理论,它们认为意义是独立于人的大脑的。"

Talmy 认为,语言表达和世界上某一事物的关系不可能是直接的,它必须通过(pass through)语言使用者的大脑;认知系统,包括语言、感知、推理、情感、注意力、记忆、文化结构和运动神经控制等,具有一些共同的特点,同时又有各自的特征。Talmy 是最早把心理学中的 figure(焦点)和 ground(背景)概念运用到语义分析中的语言学家:"在焦点–背景结构中,作为某一情景中焦点的物体吸引了最主要的注意力,其特点和命运是人们关心的焦点,背景处于注意力的边缘地区,它作为一个参照体,用于突出人们关心的焦点的特点。"

关于语法与认知的关系,Talmy 认为,"语法决定了概念结构";封闭类语法形式决定概念过程,开放类词汇形式包含内容。他区分了四种词类:意音词、名词、动词和形容词。但在他的两卷本《认知语义学导论》中,除名词和动词外,没有详细提到另外两类词。有意思的是,他把传统语法中用于名词的概念"数"也应用到了动词上,把动词分成"单数动词"和"多数动词"。他把可数与时点性、集体与重复、多数与持续概念对应了起来。

Talmy 总结出了人类语言意义结构的四条组织原则:①以图式结构为中心:语言形式的结构形式一般通过抽象的、理想的,其特殊关系常常几乎是几何型的描述方式实现概念化。

②语言的封闭类系统是最为基本和完整的概念调节系统。
③同一概念综合体可以通过其他的概念化形式进行表达。
④空间结构的语言表达和时间结构的语言表达之间存在一种平行关系。许多概念结构的相同形式在空间和时间、事物和过程中,因而也在用来表达它们的语言形式的典型成分(即名词和动词)中得到充分的体现。

Peter Gardenfors 在其《认知语义学的若干原则》(*Some Tenets of Cognitive Semantics*)一文中讨论语言哲学中认知语义与外延和内涵语义学之间的区别时也提出了认知语义学的六大原则。它们是:①意义是认知模式中的概念化:意义在人的大脑中(meanings are in the head)。语言的意义被看作是从语言的表达式向某些心理活动的映射(a mapping from the expressions of the language to some mental activities)。②认知模式主要由感觉器官决定:我们可以对所读或所听到的内容构拟真实的或心理的图像。③语义成分建立在空间或概念空间基础上。④认知模式主要是意象-图式形式(而不是命题形式)。意象图式通过隐喻和转喻运作过程(传统上被认为是一种特别的运作过程)而改变。⑤语义比句法更为基本,在某种程度上决定句法(句法不能独立于语义而获得描述)。⑥概念具有原型效应(prototype effects):概念并非建立在必要和充分条件基础上的亚里士多德范式。语义是语言和概念结构之间的一种关系。认知语义学必须考虑语言的社会因素,尤其是权势关系。这一观点完全否定了 Hilary Putnam 关于意义必须是非认知事物的论点。

由此看来,认知语义学最大的特点就是把意义看作是概念化,认为语言意义与人类的一般认知能力和方式具有密切的关系。

二、认知语义学的研究对象与内容

Jackendoff 是最早从认知的角度考察语言意义与世界关系的语言学家之一。早在1983年,他就出版了《语义学与认知》一书,对语言意义与认知关系进行了讨论;1997年,他又发表了新著《语言能力的结构》,对语法、语义和世界之间的关系进行了进一步的阐发。需要指出的是,Jackendoff 所提倡的认知语言学与其他的认知语言学家有所不同。他本人也认为,他本质上还是一个生成语言学家,但倾向于从认知的角度来研究语言。近年来,他所提出的"概念结构"(conceptual structure)等概念引起了人们的关注。我们这里重点介绍他对语义学研究对象和内容的一些看法。

Jackendoff 主张区分语音表征、句法结构、语义结构和概念结构,他提出了概念结构假设:存在唯一一个心理表征层次,所有边缘信息都从此或向此映射。

Jackendoff 提出,人类的语言在结构上对应于以下几个范畴:概念结构、外部世界和知识系统。人类的知识系统涉及人类对外部世界的分类和对外部世界实体的认识,还涉及人类对实体属性的认识以及实体与实体之间的关系的认识。

Jackendoff 在《语义学与认知》一书中讨论了四大问题:①基本问题:包括语义结构与概念结构、系统义与指称。②语义学的认知基础:包括个体化(individuation)、概念结构的句法、范畴化和语义结构就是概念结构。③词义:包括词汇分析中的问题和优先规则系统。④应用:包括空间表达的语义,非空间语义场和"表征"理论。

Jackendoff首先提出,语言研究可以有两个角度:①从语言学和语言哲学的角度:我们可以用来讨论我们所感知和所做的一切的人类语言,探究其意义在本质上是什么。②从心理学的角度:探究自然语言的语法结构对感知和认知的本质揭示了什么。

Jackendoff认为,这两个问题其实不可分割:研究自然语言的语义就是研究认知心理学。自然语言的语法结构可以为认知理论提供新的重要证据。

Jackendoff在原先提出的理论基础上再次对语义学的研究目标和方法进行了阐述。首先,他提出了外部语义学(external semantics)与内部语义学(internal semantics)这两个概念,并对此进行了对比,如图7-1所示。

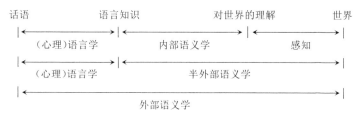

图7-1 内部语义学与外部语义学

如图7-1所示,内部语义学关心的是有关语言的知识与人们对世界的理解。而外部语义学则要对话语、语言知识和外部世界之间的关系做出全面的解释。认知语义学实际上相当于图中的"半外部语义学",因为它要解释的是语言知识、人们对世界的理解和现实世界之间的关系,也就是内部语义学和感知之间的关系。

Jackendoff同时提出,内部语义学的基本课题主要包括以下六个方面：①意义的本质。人类理解世界的手段是什么？或者说，人类概念/思想/观念的形式和实质特征是什么？如何将这些特征形式化以便于建立一个完全明晰和具有预测力的理论？②与语言的对应。人类理解世界的手段如何有系统地与语言表达式发生关系？由于受非语言知识、语境等影响，这些手段在哪些方面与语言表达式不系统地发生关系？语言和非语言因素之间有一个自然的分界线吗？③与世界的对应。人类理解世界的手段是如何通过感知系统与世界本身系统地发生关系的？在哪些方面，这些手段与物理世界不系统地发生关系？也就是说，在多大程度上人类的概念/思想/观念是抽象的？④大脑体现。①～③的系统是如何在大脑中布局的？从大的区域的角度以及从局部的神经连接角度分别如何解读？在多大程度上这些系统表征了整个大脑系统？⑤发展问题。一个人是如何习得他用于理解世界的手段和将这些手段与语言表达和感知输入相联系的系统的？无论是在个体层次还是在类属层次，概念的习得在多大程度上可以自由适应环境？在多大程度上是受到遗传限制引导的？⑥进化问题。人类理解世界的哪些方面可以追溯到人类的前身？哪些代表了进化上的创新？这些创新多大程度上代表了整体的进化创新？

以上可以看出，内部语义学原则上与心理学、神经科学和生物学的基本内容结合了起来，④～⑥的问题也与生成语言学家关心的问题有关。

关于内部语义学中对真理与指称的本质问题，由于话语与世界之间并无直接的可以确定话语真假的联系，因此对句子的真假的定义就需要做相应的修正。原定义为：当且仅当世界上条件C1,…,Cn满足,语言L中的句子S为真。

修正后的定义为：当且仅当条件C1,…,Cn在说话者所构建的世界中满足（受到记忆、加工的限制,假设说话者之间保持一致）,语言L的说话者判断句子S为真。

这样,真理不再是句子和世界之间的关系,而是句子与说话者所构建的世界之间的关系。逻辑关系如蕴含、预设等也必须按照这一原理来理解。

Jackendoff因此指出,当人们运用语言进行交流时,他们不是在就世界本身进行交流,而是就人们所理解的世界进行交流。人们所指的事物不是世界本身的事物,而是人们所构建的世界中的事物。

内部语义学的基本假设是,自然语言的句法结构必须通过一套转换或对应规则与它们所表达的概念相联系,而"概念"包含了人类知识的所有丰富性和关联性（有时被称为百科性）。但问题是,这一关系究竟是一种直接的关系,如图7-2(a)所示,还是在句法和概念中间还存在一个独立的可称为"语义本身"的层次呢,如图7-2(b)所示?

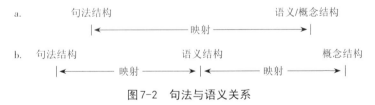

图7-2　句法与语义关系

对赞成两个阶段映射的人来说,关键要说明语义结构这一独立层次的作用是什么。Jerrold J.Katz早期把语义结构看作是只包括句子间关系的一种形态,如蕴含、同义、歧义、异常等语义关系,但不包括整体的"世界知识"的表征层次。后来的形式语义学也假设这样一个语义层次。但实际上,人们一再证明,把"纯粹的"语义关系从世界知识或隐喻性构建中独立出来几乎是不可能的。

Steven Pinker 和 Manfred Bierwich 也提出了一种语义结构的概念,这一语义结构只是包括了那些在句法中有差别的因素。例如,许多语言在数、性、生命性方面有句法差异,但没有一种语言在颜色或"狗"与"猫"之间表现出句法差异。同样,语言在事件性动词和静止性动词之间进行区分,但"跑"和"走"这样同类型的动词之间在句法上就不作区分。因此,只有不同类型的语言因素在语义结构上有所体现。其中的含义就是,虽然概念结构具有普遍性,但语言间的语义结构差异很大,关键是看什么样的概念差别被语法化了。

Jackendoff 认为,我们也可以撇开这一独立的语义层次,而通过将因语言而异的语义部分直接作为句法和概念结构之间的映射。这一映射只对很小一部分的概念区别敏感,其他部分对句法来说自然是不透明的(opaque)。语言在这方面的差别可以归结为映射比较敏感的概念因素的变化。

Jackendoff 提出,一个好的语义理论应该受到以下六个方面的限制:①表达力。有关语义结构的理论必须具有观察适切性,应该能够表达自然语言所能表达的所有语义区别。②普遍性。为了解释人类语言在很大程度上可以互相翻译,各语言可以使用的语义结构必须具有普遍性。如果某一语言的某一句话可以直译成另外一种语言的某一句子,这两个句子肯定共享一个语义结构。当然这并不意味着每种语言都一定能表达所有的意义,因为它们可能受到词库、句法结构或对应规则的限制。③组合性。语义理论必须能对句子成分的意义如何组成句子的意义系统地加以解释,这一要求可高可低。Bertrand Russell 的要求低,他认为名词短语不一定获得同样的解释;而 Montague 的要求则高一些。Jackendoff 倾向于要求高。④语义特征。语义理论应该能够解释话语的各种语义特征,如同义、异常、分析性、预设等,尤其是必须解释"有效推理"。⑤语法限制。应该选择一个能够解释对句法和词库加以概括的语义理论。如果语义理论想成为一种经验科学,必须要有语法限制。⑥认知限制和概念结构假设。除了语法限制之外,还需要其他的心理表征层次;在这些层次上,语言表达的信息与视觉、非语言听觉、嗅觉、动作等所获得的信息相容。如果没有这些层次,就无法用语言来报告感觉输入,就无法讨论我们所看到的和听到的。因此,就有了一个独立的心理表征层次,即概念结构;在这一层次上,语言、感觉和运动信息互相包容。

就研究内容而言,认知语义学所关心的重要话题包括范畴化(categorization)、概念化(conceptualization)、隐喻和经验主义(metaphor and experientialism)、推理(inferencing)等。

1. 范畴化

我们的非语言认知活动中充满了范畴化现象。我们在物理世界和社会世界里的行动依赖于我们对事物、过程、社会关系和他人的范畴化。范畴化对语言也极为重要,词语可以被看作是范畴的名称。

2. 概念化

概念化包括的内容很多,这里仅举与大脑意象和组构

(mental imagery and construal)有关的两例：The roof slopes gently downwards.（房顶缓缓地向下倾斜。）；The roof slopes gently upwards.（房顶缓缓地向上翘起。）

前例显示说话者是从上往下看，而后例显示说话者是从下往上看。因此，观察角度、前景和背景等因素对语言表达的理解往往起到了决定性的作用。

3.隐喻与经验主义

隐喻理论是认知语义学的一个重要研究领域，代表人物有Lakoff 和 Johnson 等。传统的隐喻研究把隐喻作为一种语言现象，但从 I.A.Richards 开始，隐喻被认为是思想之间的交流（intercourse），语言中的隐喻被认为是从隐喻性思维派生而来的（derivative）。到了 Lakoff 和 Johnson，隐喻更是明确地被认为是人类用来组织其概念系统的不可缺少的认知工具。隐喻被定义为通过一种事物来理解另一种事物的手段。现在，隐喻研究者们基本都接受了隐喻本质上是一种认知现象的观点。

4.推理

对语言表达的理解常常会超越字面意义。因此，我们对概念过程的语言表达也不需要十分详尽，只需要提及几个关键点，其他的就可以由听话者自己去推断。这样，复杂的语言结构很少是"组合性"（compositional）的。

三、认知语义学的研究方法

语义学研究一直有两个传统，即语言学传统本身和哲学研究的传统。前者关心词的意义及其变化，后者关心的是语言表达与事物之间的关系。尽管它们属于不同的领域，但经常交汇和融合。

19世纪后半叶及20世纪前几十年中,语言学和哲学十分关心语言与感知、与物理世界的关系,语言与神经的关系,关心词语的来源以及语言结构中的心理过程、概念方式和过程等。但是,由于Russell逻辑主义的影响,加上Gottlob Frege对"心理主义"的批评,哲学就忽视了对自然语言意义的研究;语言结构分析与哲学中的语言理论互为分割,忽视认知结构在语言结构描写中的作用等。

Taylor指出,认知语言学的研究是三元论的。认知语言学的基本问题是人类语言与心智的关系问题,而在认知语言学的理论框架中,语言、世界和感知的关系是不能回避的。语言从自然属性上说是一套符号系统,从社会属性上说是人们用来交际的工具,从心理属性上来说是人们的思维的工具。

因此,在语义学研究中,实际上可以分出三条路子:①语言-世界路子。语义被看作是语言词语与外部世界事物的关系。②语言-内部路子。语义被作为语言内部词语之间的关系来研究。③概念路子。语言词语的意义被看作是语言使用者大脑中的概念化方式。

在从语言-世界关系的研究中,人们要回答的问题是:关于这一词语,什么样的情景是通过它表达的?

在从世界-语言关系的研究中,人们要回答的问题是:针对这样一种事态,什么样的语言词语可以用来描述它?

语言-世界路子研究的主要问题包括:①这一研究路子只能限于表达具体事物的词语,"灵魂""鬼怪"之类词语的意义就无法通过这一方法得到合理的解释。②语言词语并不直接指称外部世界,它们指称的是心理空间中的事物。在这样的心理空间中,被指的事物可以是想象中存在的事物。同样,心理空间本身也可以是假设的、想象的、虚拟的。③即使我们只研究具有具体指称对象的词语,这一研究方法也存在问题,因为一种语言词语的意义并不仅限于词语和被指事物之间的关系,如stingy(吝啬)和thrifty(节俭)的区别。④同一事态可以通过不同的语言表达方式来表达:someone stole the diamonds from the princess;someone robbed the princess of the diamonds;the diamonds were stolen from the princess;the princess was robbed of her diamonds。这些句子反映了对同一事物观察角度的不同。把意义看作是词语与情景之间的关系无法解释主动句和被动句之间的区别,更无法解释rob(抢)和steal(偷)之间的区别。

语言内部法主要关心的是语言系统内部成分之间的结构关系,主要就是语言成分之间的聚合和组合关系。

John Lyons指出,某一词项的意义不但依赖,而且等同于该词项与同处一个系统的其他词项之间的关系集合。

但是,问题在于,这些词是如何获得意义的?我们仅仅知道buy(买)和sell(卖)之间的关系并不能帮助我们了解它们的概念内容。

因此,这就需要语义研究的第三条路子——概念路子。

所谓的概念路子,就是从概念形成的过程和特点出发来定义词的意义。例如,要想理解"斜边"这一概念的意义,就必须了解什么是直角三角形,而且知道两者之间的关系。换句话说,"斜边"必须在"直角三角形"的基础上才能得到定义,这就是心理学上所说的"凸出/背景"(profile/ground)关系。同样,

"岛"的概念必须和"陆地"与"水"之间的关系发生关系。"半岛"与"岛"的区别也必须理解"陆地"与"水"之间的特殊关系。再如,"星期六"这一概念必须在"一星期有七天"这样一个背景中才有意义;"假期"必须与"工作日"对比才有意义。还有,汉语中的"盖子""缝隙""洞""点""角""抽屉""边""孤儿"等词语的意义必须在一定的背景中才能真正准确理解。

从概念角度研究词语的意义,还有一个相关的重要概念是"域"(domain)。例如,"平面几何"或者"空间",就是三角形及其特征获得概念化的域。有时,某一概念可能同时属于多个域,如"父亲"这一概念就与"亲属关系域""生命域""家庭域"等发生关系。认知语言学中相关的概念包括:框架、脚本、情景和理想认知模型等。

认知语言学的语义研究采取的就是第三条路子。

Talmy 也指出,研究语言意义有三种方法:形式法(formal approach)、心理法(psychological approach)和概念法(conceptual approach)。形式法主要研究语言显性形式所表现出的结构方式,这些结构大多从意义中抽象出来,被认为是自足的系统。生成语法框架中所采纳的形式语义学包括的意义主要是该传统主流所关心的形式范畴及其运算相对应的那部分。生成语言学与心理学的联系也主要限于那些需要用来解释形式范畴及其运算的认知结构和处理模式;心理法从相对一般的认知系统的角度来考察语言。因此,心理学早就开始从感知、记忆、注意和推理的角度来研究语言,它实际上部分地涉及了另外两种语言意义研究的方法。因此,它从语言的形式特征和概念特征两个角度来考察语言。概念特征包括对语义记忆、概念联想、范畴结构和语境知识的分析。心理法或多或少地忽视了对在概念法中具有中心位置的结构范畴的考虑,忽视了图式结构的整体系统,而这一整体系统正是语言赖以组织它所要表达的概念内容的工具;概念法关心的是语言中概念内容赖以组织的规律和过程,它研究的对象是语言中一些基本的范畴,如空间和时间、场景和事件、物体与过程、运动与处所以及拉力与推力。它研究的对象还包括认知者拥有的基本概念和情感范畴的语言结构,如注意(attention)和视角(perspective)、意愿(volition)和意图(intention)以及句法结构,它还研究概念结构之间的相互关系,如隐喻映射等。总之,认知语言学试图确定语言中概念结构的整体结构系统。

Talmy 指出,认知语言学研究其他两种语言研究方法所关心的内容:第一,认知语言学从概念的角度考察语言的形式特征。因此,它试图从语法结构在表达概念结构中所具有的功能的角度来解释语法。第二,作为其最鲜明的特征之一,认知语言学试图将其发现与心理法中的概念结构联系起来,它试图通过那些心理结构来解释语言中有关概念现象的特点,同时,在充分理解语言如何实现这些结构的基础上,发现这些结构本身所具备的一些特点。认知语言学的目的之一是确定与概念内容有关的更为一般的认知结构,而这一结构将包括从心理学中获知和从语言学中获知的概念。根据这样的描述,认知语言学可以认为是对其他方法的一种补充。

Talmy 认为,语义学关心的应该是语言中所组织的概念内容。一般的概念过程,即思想,将语言意义包括在其更广泛的范围内。语言意义显然涉及从一般概念过程中进行选择或对这一过程施加限制,而且从本质上看它也是这一过程的一个部分。因此,认知语义学的研究就是对语言中概念内容及其组织形式的研究,因而也是对一般意义上的概念内容及其组织的本质的研究。所以,认知语义学是现象学的一个分支,即有关语言中概念内容及其结构的现象学。

认知语义学的具体研究方法包括内省和对他人内省内容的分析、对话语和语料的分析、跨语言的和历时的分析、对语境和文化结构的考察、心理语言学中的观察和实验手段、神经心理学中的语言病理研究以及神经科学中的仪器观察法等。

1.内省和对他人内省内容的分析

对认知语义学来说,其研究的主要目标是存在于意识中的心理现象。认知语义学因此是现象学的一个分支,特别是有关语言中的概念内容及其结构的现象学。因此,只有通过内省才能接近意识的现象学内容和结构。

与其他认知系统一样,语义系统的不同方面在其可以被意识到的程度上存在差异。比如,有人可能对听到的某个词的某一特定意义有强烈的意识,但对该词的多义或同义现象几乎没有任何意识。因此,一个词的两个不同的语义方面,可能在可以被意识到的程度上有差别,即需区别当下的某一特别意义与它的意义范围。

2.对话语和语料的分析

这是常见的一种语义研究方法。但新语料的发现或从新的角度来审视大家熟悉的语料可以帮助我们更好地解释一些语义现象。例如,Soren Sjostrom就在《从视觉到认知》一文中举例说明了认知语义学如何可以通过发现新语料而得到进一步的发展。作者描述并讨论了瑞典语中与视觉有关的词语（动词、名词和形容词）的多义现象，并以此为基础讨论了视觉与认知之间的关系。例如，作者指出，瑞典语中，"光"可作为"知识"的隐喻，因此，"光"代表"理解"，"感知不到光"代表"不理解"，而"照明"则代表"解释"。

Ake Viberg 的《多义现象和词库中的区别》一文从跨语言角度调查了瑞典语中动词的语义结构。作者对瑞典语中关于"身体接触动词"的语义场，如 stryka（抚摩）、smeka（拥抱）、kittla（搔）、skava（按摩）和 sla（打/击）等进行了详细的分析和对比。作者指出，动词语义场一般以一个（有时也会是几个）核心动词为中心。Sla 就是与身体接触有关的动词的核心词，同一语义场其他的动词可以被看作是 sla 某些方面的进一步说明或细化。这样，对核心动词的分析就可以为整个身体接触语义场构建一种结构。当然，该语义场中的一些动词同时也属于其他的语义场，尤其是那些具有"声音来源"特征的动词。作者还指出，身体接触动词与行为和运动动词有关，这一点可以从身体接触动词的意义延伸中得到证实。

3. 对语境和文化的考察

Allwood 在《语义学和意义的确认》一文提出了一种颇具操作性的语义研究思路（operational approach to semantics），这一研究思路具有认知、动态并与语境相结合的特点。作者认为，语境中的话语意义是通过话语中词语的意义潜势结合产生的，而这一过程要受到语义运作和各种类型的语境信息的制约。作者提出这一研究思路的目的是建立一种研究不同说话者语言交际中意义是如何确定的认知语义学。因此，这一研究方法比一般的从认知角度研究语义的方法更注重语用和社会因素。

4.心理观察和实验

近年来随着电脑和电脑成像技术的发展,人们可以通过电脑实验方法对人类大脑活动方式进行模拟、观察和研究。Kenneth Holmqvist 以一篇题为《概念工程》的论文,为 Langacker 的认知语法提供了一个计算机模式。该模式的第一部分由一个语义构成过程组成,该过程将语义构成看作是一种意象附加(image imposition)。该过程渐次增长,并且与"语义期待"有关。该模式的意义在于证明了可以通过实验的方法来了解叠加过程的各种机制,从而为修正整个模式提供了可能。

Jordan Zlatev 运用计算机模型讨论了语言中的词语是如何基于经验的。他采用了一种被称为"情景化的体现性语义学"(situated embodied semantics),在这一模式中,意义从语言词语和情景的配对中产生。作者运用连接主义模型来测试该方法的可行性,并由此了解诸如如何不依赖必要和充分条件而习得范畴、意义对语境的依赖以及说出和理解新奇表达法的能力等问题。

5.神经心理法

Elisabeth Engberg – Pedersen 从认知语义学角度讨论了聋哑人使用的手势语,她在一篇题为《空间和时间》的论文中,首先讨论了口头交流中的空间–时间词语,然后描述了丹麦手势语中运用空间来表示时间的情况。作者发现,用于表达时间关系的语言手段以及表达空间关系的词语之间存在着系统的联系。作者以 Gibson 心理学(即 James J.Gibson 和 Eleanor J.Gibson的知觉理论)为基础,指出:尽管时间和空间并非完全不同的感知领域,但在某些认知层次上区分时间和空间的概念化是可能的;但是,时间和空间都不一定能看作是对方的隐喻性扩展,什么是隐喻性延伸取决于语言使用者对特定词语的基本意义的理解。

6.比较法

认知语义学研究的一个重要方法就是比较,一方面可以是语言之间的比较;另一方面可以是对同一语言的不同阶段进行比较。前者是跨语言的比较,后者是语言的历时分析。语法化(grammaticalization)的研究就需要通过历时和共时的结合。

总体而言,研究意义与表层表达之间的关系有两种方法:一种是保持某一语义实体不变,观察它可以出现的表层实体;另一种是保持某一特定的表层实体不变,观察什么样的语义实体可以通过它来表达。

第二节 模糊修辞学与翻译

一、模糊的定义

模糊现象广泛地存在于自然界、人类社会、思维和自然语言中。然而关于什么是模糊语言,或者说什么是语言的模糊性这一基本问题,国内外的语言学家及哲学家们直到现在也没有达成共识。

首位关注模糊这一问题的当代哲学家 Charles Peirce，于 1902 年给出的模糊定义如下："A proposition is vague where there are possible states of things concerning which it is intrinsically uncertain，whether，had they been contemplated by the speaker，he could have regarded them as excluded or allowed by the proposition. By intrinsically uncertain we mean not uncertain in consequence of any ignorance of the interpreter，but because the speaker's habits of language were indeterminate."

普遍语法的提出者之一 Anton Many，于 1908 年提出了他对语言模糊性问题的看法："我们所说的模糊（vagueness）是指这样一种现象，即某些名称运用的范围是没有严格划定界限的（the field of application of certain names is not strictly outlined）。"

波兰哲学家 Adam Schaff 于 1962 年在《语义学引论》一书中谈到了词的模糊性问题，他说："在客观现实中，词所表达的事物和现象的各种类别之间是有过渡状态的。这些过渡状态，这些边界现象（boundary phenomenon），可以解释我们称作词的模糊性的现象。"

国内的语言学家对语言的模糊性也有各自的看法。苗东升在《模糊学导引》一书中指出："对于一些事物，我们无法找到精确的分类标准，关于是否属于某一类很难做出明确的断言，事物的这种类属的不清晰性称为模糊性，简言之，模糊性是事物类属的不清晰性，是对象资格程度的渐变性。"张乔在《模糊语义学》一书中指出具有不确定外延的词语均为模糊词语，模糊词语的模糊性是语言本身所固有的。黎千驹在《模糊语义学导论》一书中将模糊语言分为狭义的模糊语言和广义的模糊语言,不论如何划分,在他看来"模糊性就是人们认识中关于事物类属边界或性质状态方面的不明晰性、亦此亦彼性、非此非彼性,也就是中介过渡性。"

比较以上各家对模糊下的定义,同时结合 L.A.Zadeh 对于模糊的认识,不难总结出大家对模糊的共性认识:模糊性是自然语言本身所固有的属性,是指语言所指对象边界不清晰,事物类属不分明的这一属性。

二、模糊修辞

模糊理论为辩证地研究修辞现象提供了理论基础,同时为修辞研究提供了一个全新的视角。所以,模糊修辞学既可以视为模糊语言学的一个分支部门,也可以视为修辞学的一个新的分支部门。模糊修辞是"研究运用语言的模糊性来提高表达效果规律的科学"①。

模糊修辞学是以现代语言学为理论基础,以语言和言语的区分为出发点,研究言语修辞规律的现代语言学分科。20世纪初,瑞士语言学家、现代语言学之父 Ferdinand de Saussure 提出了区分语言和言语的学说。Ferdinand de Saussure 认为人类的言语行为可以分为语言(langue)和言语(parole)两部分。语言是离开人而独立的社会现象;言语具有个别性,是个人现象。把这种区分推而广之到模糊修辞,我们不难发现,模糊语言和模糊言语也是两个相对的概念。模糊语言是自然语言本身所固有的,是语境无法消除的,是静态的模糊;模糊言语是

---

① 李燕芳. 英汉广告语中的模糊修辞手法[J]. 安顺学院学报,2013,15(05):22-24.

在言语交际过程中产生的模糊,是与其运用的语境联系在一起考察的动态的模糊。而今,随着修辞学界的言语行为转向,人们认为修辞是以具体的语境为依托,有目的、有意识地组织建构和理解话语,以其取得理想的交际效果的一种言语交际行为。因此,从言语表达的角度说,模糊修辞学的研究对象就是模糊言语。关于模糊语言在模糊言语形成过程中的作用必须阐明两点:首先,模糊语言是模糊言语得以产生的基础,但是在语境的作用下模糊语言却不一定都产生模糊言语。例如:soft 是模糊语言,但当它与其他词构成合成词时则没有产生模糊言语,这体现了模糊语言的明晰化。如 What we need is soft－resource,这句话中 soft resources(软资源),指不同于矿产、水力等天然资源的科技、信息资源。其次,明晰语言在特定语境中可能变得模糊化。例如,Better master one than engage with ten. 在这句话中,用精确的数量表示概数,以实写虚,属于模糊言语。

通过以上论证,这里采用韩庆玲对模糊修辞的定义:"模糊修辞指的是:通过对语言系统固有的或是在语言特定组合关系中临时产生的模糊性的利用,使言语的意义具有不确定性的语言运用活动。由模糊修辞产生的话语就是模糊言语。探讨模糊修辞规律的学科就是模糊修辞学。模糊修辞学的研究对象就是模糊言语。"

三、模糊修辞的可译性限度

基于认识所指、语义系统以及思维方法等方面体现出的家族相似性,中英模糊修辞原则上是具有可译性。然而,正如 Catford 所指:"可译性表现为一个渐变体,而不是界限分明的二分体。原语的文本和单位或多或少是可译的,而不是绝对地可译或者是绝对的不可译。"中英模糊修辞转换过程中,由于语言符号本身、文化以及人们思维方式之间存在差异性,故而"可译"不是绝对的,它有一定的限度。下文将从语言、文化、思维三方面分析模糊修辞可译性限度的产生。

(一)语言方面

汉语和英语分别属于汉藏语系和印欧语系,那么作为一种民族现象,不同的民族语言必定体现着差异性。模糊词汇是模糊修辞的基本要素,中英模糊词汇的可译性限度体现在两方面:部分对应和完全不对应。首先,部分对应表现为不同语言的模糊词汇在语义上的部分差异。以颜色词为例:颜色是一种模糊现象,颜色词是典型的模糊词汇,不同语言对颜色的不同切分造成了颜色词汇的部分对应。例如,汉语的"青"是一个模糊词汇,在不同的搭配中可以表示不同的颜色,一般指绿、蓝、黑色,如"青草、青天、青丝",分别对应英语中的 green、blue、black 三个词,是部分对等关系。另外,由于对颜色概念的使用习惯不同,汉语中的"红"与英语中的 red 也不是完全对应,如"红茶对应的是 black tea,红糖对应的是 brown sugar。其次,完全不对应表现为词汇空缺,一种语言的模糊词汇在另一种语言中找不到对应的词汇。例如,中国是礼仪之邦,遵循道德仁义,汉语中的谦辞如"薄礼、高见、拙作、大作"在英语中几乎找不到对应的词汇,那么在中英互译时,这对翻译者无疑是个挑战。

人类语言都通过形式和意义相结合的方式来表达思想,除去这一共同点,人类各种语言又有其自身的特点。Eugene A.

Nida 在"Translating Meaning"中将汉语与英语在语言学中的最大差别概括为意合与形合的对比。汉字是表意文字,是缺乏形态变化的无标记语言,另外中国人平时说话又少用虚词而是靠语序,因此语序上升为汉语组词和造句的第一手段。Edward Sapir 在《语言论》中称汉语结构是"soberly logical"。可以说,汉语基本上是意合而不是形合,意义脉络是汉语句子的灵魂,它隐藏在汉语的语序中。而英语基本上是形合而不是意合,是有标记语言。英语组词和造句的基本手段是形态形式,语序不是主要手段。正如贾玉新所指出的:"英语高度形式化、逻辑化;句法结构严谨完备,并以动词为核心,重分析轻意合;而汉语则不注重形式,句法结构不必完备,动词的作用没有英语中那么突出,重意合,轻分析。"

例如:鸡声茅店月,人迹板桥霜。

The cock crows as the moon sets o'er thatched inn;

Footprints are left on wood bridge paved with frost.

"鸡声茅店月,人迹板桥霜"二句是由十个名词组合而成的,并且这十个名词排列连缀起来代表了十种景物。从表意方面看,每一句的名词或名词短语之间并不存在逻辑联系,这无疑给读者留下了广阔的想象空间和极大的模糊感。这两句诗既简练又含蓄,构成一幅早行的清冷画面,突出了凌晨赶路人的孤寂和凄冷的心情。而译文梳理了十种景物的逻辑关系,用英语的表达方式演绎了原诗句,虽然演绎得有声有色,但却因为译文句法结构的逻辑化而限制了读者的想象力,进而降低了原诗句的模糊性。

(二)文化方面

语言是一种复杂的交际手段,它植根于文化,同时也承载着文化。那么何谓文化? 1871 年,人类学家 Edward Tyler 在《原始文化》一书中首次提出:"文化是一种复杂体,它包括知识、信仰、艺术、道德、风俗以及其余社会上习得的能力与习惯。"然而 Edward Tyler 的文化定义似乎重精神文化,而忽视物质文化。事实上,文化应是人类社会物质和精神财富的总和。因此,每一种语言都有其特定的词汇、成语、典故等文化负载词以反映这些物质及精神财富,并且,这种文化负载词也造成了翻译可译限度的存在。所以,翻译活动所处理的不仅是两种语言,更涉及两大片文化。模糊修辞以提高语言表达效果为目的,在英汉两种语言中有许多相同之处,但由于其孕育的文化土壤不同,差异在所难免,因此模糊修辞基于文化方面的可译限度必然存在。

1.典故

典故是民族文化中的璀璨明珠,凝结着民族的发展史。典故多由生动形象的故事和人物浓缩而成,因此典故语言精练,语义含蓄深远,有着丰富的文化内涵,引人联想。运用典故既可以美化言语,使之生动含蓄,又易于人们表达思想,不失为生成模糊修辞的有效手段。汉语和英语中都有大量的典故,如不熟悉典故的生成背景,典故的文化内涵就会让人费解,所以典故是翻译活动中不能回避的问题,是翻译可译限度存在的原因之一。例如,"东施效颦"(Tong Shih imitating His Shih)这一典故以人设喻,比喻胡乱学样,效果适得其反。这一典故中所包含的历史人物"东施""西施"为中国读者所熟悉,但不同语言背景下的读者却要面对的是文化缺省现象,可译性因此受到了限制。诸如这样的典故还有"邯郸学步""鹦鹉学舌"。再例如,英语中的 I am as poor as Job.(我是像约伯一样的穷月。),一般不熟悉圣经的中国读者会对 Job 这一人物形象感到茫然,如不加处理必定影响译文读者的理解。

2.动植物

从古至今,人类与动植物共同生活在大自然中,因此在人类语言中必定存在大量与动植物相关的词汇,而这些词汇除了概念意义外都具有联想意义或引申意义,这是一种普遍的文化现象。此外,任何语言都反映着特定的文化内涵,因此不同民族的不同生存环境和文化传统赋予动植物词汇以不同的联想意义和感情色彩,而这造成了文学翻译过程中出现动植物文化意象的丧失和错位现象。例如,在中国老虎被认为是百兽之王,与"老虎"有关的词或短语十分丰富,有的表现了"虎"的英勇大胆、坚决果断、健壮有力等,如"虎气冲天""如虎添翼""虎背熊腰";有的表现了"虎"的凶残、令人生畏,如"伴君如伴虎""虎口逃生""虎口拔牙"等。在西方,不是老虎而是狮子被认为是百兽之王,象征着凶猛、威严和勇敢,如:as brave as a lion,lion – hearted 和 beard the lion in his den。再如,从古至今,"杨柳"是诗人们所钟爱的意象之一,或咏柳喻人,或借柳抒情,道忧伤离别之情。例如:"杨柳腰"比喻女子苗条的腰肢;"我失骄杨君失柳,杨柳轻飏直上重霄九";用以喻人;"杨柳依依",表达依依惜别情。然而,英语中的 willow 的联想意义多指失恋或死亡。例如:wear the willow 或指服丧、哀悼,或指失恋。

(三)思维方面

语言是思维的工具,思维是人脑的一种功能,"没有语言,则思维无以定其形,无以约其式,无以证其实。"因此,当译者把一种语言转换成另一种语言时,他所进行的翻译活动既是语言活动,也是思维活动。人类生活在同一个世界,人类语言反映了思维内容的共性,但是我们应该认识到,人类思维不仅具有共性,也有差异性。思维的共性是语言可译性的前提,思维的个性是翻译的障碍,由此如果我们不能透彻地把握中英语言在思维方面的差异性,模糊修辞的翻译研究就无从深入下去。

思维方式的不同决定了语言表现形式的多样性,下文将从具象思维与抽象思维之不同,综合思维与分析思维之相异,顺向思维与逆向思维之差别等三方面揭示模糊修辞的可译性限度。

1.具象思维与抽象思维

"尚象"与"尚思"是中西方思维方式的差异之一。"尚象"传统是中国传统文化的重要特征之一,《周易》中说:"在天成象,在地成形,变化见矣","言生于象,故可寻言以观象;象生于意,故可寻象以观意。"它已深深地影响了中国人的思维方式,使之形成了偏重具象的思维方式。而西方人深受古希腊哲学家"尚思"传统的影响,形成了偏重抽象的思维方式。"具象思维由类比、比喻、喻证和象征等思维方式组成;抽象思维,通常也叫作逻辑思维,是以概念、判断、推理作为思维的形式。"象思维要求取象与取义相结合,借助具体物象叙事述理,把思想寄于物象之中。体现在语言上,就是汉语的意合规律,既汉语缺少形态变化,语义关系是汉语最本质的关系,语序上升为第一手段。

2.综合思维与分析思维

中国传统哲学把天、地、人视为一个统一体,在这种传统文化的影响下,中国人重综合型思维。季羡林先生认为,"所谓'综合',就是把事物的各部分连成一气,使之成为一个统一的整体,强调事物的普遍联系,既见树木,又见森林。"而西方哲学认为,人与大自然始终处于各种矛盾和抗争之中,自然始终是人类的认识对象,在这种哲学思想的影响下,西方人重分析型思维。季羡林先生认为,"所谓'分析',比较科学一点的说法是把事物的整体分解为许多部分,越分越细。"思维的整体性使得中国人习惯于辩证地看问题,把事物分为对立的两个方面,然后从整体把握,即"执两端而取其中",往往带有模糊性,使得对立的两极在它们之间的交界区域呈现一定的模糊性。

3.顺向思维与逆向思维

中西方在观察事物时所取的思维方向有时不同,中国人重顺向思维,而西方人重逆向思维。例如,方位词"东北",英语为 northeast,"西北"对应英语中的 northwest;时间词"前不见古人"对应英语中的 looking back, I do not see the ancients。思维方向的差异也体现在观察事物的角度上。例如,汉语中的"寒衣"指冬天御寒的衣服,英语中说 winter clothing 却是针对服装的季节而言的;汉语中的"黑面包"是与精粉面包相对而言的,英文中说的 brown bread,其观察视角在颜色上。

四、模糊修辞的适度翻译策略

（一）模糊修辞的适度翻译策略的理论基础

孔子的中庸之道影响中国几千年,它不仅是一种伦理道德观,同时也是一种思想方法。"中庸"是孔子哲学的基础,"中庸"不等同于"折中、平庸",因为"中庸"的"中"字并非意味着"中等、中间、两者之间",而是意味着"适宜、合适、合乎一定的标准"。什么是"中庸"?"中庸"就是"适度",就是要符合一定的标准。故而,儒家的"执两用中"是指反对走极端,而是要把握适当的度,在对立的两极之间求得合适的解决办法,反对"过犹不及"。这就好比艺术创作,列夫·托尔斯泰认为艺术中间主要的东西便是分寸感,绘画作品只要稍微明亮一点或稍微暗淡一点就会变得没有感染力。"适度"原则也适用于模糊修辞的翻译。适度的翻译是指适宜且适量的翻译。正如上文所论述的,中英模糊修辞之间既有共性,也有差异性。在语言与文化方面的共性是模糊修辞翻译的基础,而由文化背景、思维模式导致的差异性,是模糊修辞翻译的难点,也是模糊修辞翻译存在的必要之所在。对于异的语言、异的文化、异的思想,一味的归化或一味的异化都会给译文造成损失。模糊修辞适度翻译的实质在于归化与异化的适度,更准确地讲是不管采用归化还是异化的翻译方法,译者都应该在忠于原文的基础之上,根据目的语文化对源语文本的消化程度,在加强译文可读性的同时,还应将传达异质语言和文化视为己任。总而言之,模糊修辞的翻译应该秉持着求同存异的适度翻译策略。

1.模糊修辞的适度翻译策略的生态学基础

"物竞天择,适者生存"是 Charles Daewin 关于物种进化的名言,道尽了生物界演化的基本规则。语言是人类存在之居所,无时无刻不发挥作用,语言也是具有生态性的。那么,翻译学与生态学有着怎样的关系呢?

翻译生态学是一门新兴学科,这一术语是由著名翻译家 Michael Cronin 在其著作"*Translation and Globalization*"中首次提出的,他指出"全球一体化的发展态势引发了地球上语言生态系统的惊人脆弱性和一些语言前所未有的消亡速度,如果任其自由泛滥,本世纪内不但多数小语种面临灭顶之灾,而且所有语言都逃脱不了成为小语种的命运。要在全球化大潮中维护其自我身份,就必须采取有效策略。"全球化即是经济概念,也是政治概念。随着全球化的推进,不同文化之间凭借翻译所进行的"交流"往往是不平等的。强势文化对弱势文化通过翻译进行文化殖民。在一个物种内部,"先进"替代"落后"是自然规律,但是在文化生态领域,如果语言的消亡是由于人为的原因,那么语言的生态平衡就遭到了破坏。因为"文化生态系统的重要特征是包容性,新种类的产生并不一定伴随着旧种类的灭亡,新、旧物种在同一竞技场竞技,但却允许使用不同的技巧,展示不一样的才华,让各个物种都有一展身手的机会,这一点是文化'物种'的多元与丰富的根本保证"。所以,生态翻译就是要保持语言地位的平衡,维护语言多元化,促进文化交流的平衡。

模糊修辞的翻译要符合文化生态发展之道,就要秉持适度的原则,即在目的语文化能够消化而不至于损害其生态结构的前提下,适量地引进"异质因子",激发目的语文化的创新与发展。正所谓"同则不继""和则生物",所以模糊修辞的适度翻译保证了模糊修辞的多元与创生。

2.模糊修辞的适度翻译策略的哲学基础

模糊修辞的适度翻译策略的哲学基础是M.M.Bakhtin(巴赫金)的对话理论。M.M.Bakhtin是前苏联文学理论家、批评家,他思想的精髓是对话理论和人文精神。对话理论的实质是关于人的理论,它以人为研究对象,关心人的存在和命运,关心人的平等和自由。M.M.Bakhtin认为,"生活中一切全是对话,也就是对话性的对立,……存在就意味着进行对话的交际。"对话理论即是一种关于人的哲学理论,也是一种超语言哲学。他说:"语言只能存在于使用者的对话交际之中。对话交际才是语言的生命真正所在之处。语言的整个生命,无论是在哪一个运用领域里(日常生活、公事交往、科学、文艺等),无不渗透着对话关系。"

对话理论揭示了一个价值多元、观点多元的世界,"对话性"的思维方式对翻译研究有着重要的理论价值。M.M.Bakhtin的对话理论反对源于逻各斯中心主义的独白型思维方式。韦清琦指出:"逻各斯中心主义在不同的语境下以不同的面目出现。在女性主义文论中,逻各斯中心主义就是'男权中心主义';在后殖民批评看来,逻各斯中心主义是'西方中心主义'……而在生态批评领域,逻各斯中心主义就是人类中心主义。如果继续推演下去,在文学翻译领域,逻各斯中心主义便蜕变为抹煞文化差异。"M.M.Bakhtin提倡杂语喧哗的思维方式,他指出:"一切都是手段,对话才是目的。单一的声音,什么也结束不了,什么也解决不了。两个声音才是生命的最低条件,生存的最低条件。"因此模糊修辞的适度翻译应该是异质文化之间的对话,是一个异中求同、同中求异的过程,应该体现"和而不同"的原则,即在承认差异基础之上的"和",反对以文化保守和文化霸权为表现形式的独白话语。

(二)模糊修辞的适度翻译策略的指导原则

模糊修辞普遍存在于世界各种语言中,从模糊修辞的角度观察,语言的美感既有共性也有个性。模糊修辞的翻译活动是一个对立统一的审美过程。在翻译活动中,译者要把握对话性的思维模式,不论是采取归化还是异化都以"适度"为核心精神。例如,朱光潜反对随心所欲的"意译",也反对生吞活剥的"直译"。

模糊修辞的适度翻译还要考虑到读者的期待视野。期待视野是接受美学的核心概念之一。"接受美学"又称"接受理论",这一术语是20世纪60年代由德国康茨坦斯大学文艺学教授Hans Robert Jauss提出的。Hans Robert Jauss认为"历史背景、文化传统、个人性格等因素都会参与接受者的接受过程,对接受产生作用,这些因素是一个有机的系统,被称为'期待视野'"。而文学作品不具有永恒性,只有当其被接受时才存在。由此我们可以推得,好的译文要拥抱源语与目的语之间的差异,忠实于原文;好的译文要让读者读懂,但不以抹煞差异为代价;好的译文不要硬译。总之,好的译文要在归化与异化之间找一个合理的折衷点,既又能体现原文的精髓,同时又不引起读者曲解译文。

第三节 幽默修辞翻译

一、幽默概说

现代汉语中的"幽默"是 humour 的音译,原为生理学术语。16世纪初,它走进生活领域,用以泛指一个人的性情与气质。至17世纪末,终于有人在近代美学意义上运用幽默概念:行为、谈吐;文章中足以使人逗乐、发笑或消遣的特点;欣赏和表达这些特点的能力。此处指称了两个方面的内容:第一,审美主体的能力(欣赏的能力和表达的能力)。第二,作为审美客体的对象。在汉语中,作为美学名词的"幽默"是舶来品,但作为文字形式是早即存在的,屈原有"孔静幽默"语,宋玉《神女赋》有"淡泊于幽默"句等。近代将 humour 引入汉语的,首推王国维,其译事早于林语堂约20年,译为"欧穆亚"。其思想源出叔本华的美学观与海甫定的心理学,指一种由性格与境遇相待而成的人生态度。首次将其译为"幽默"的是林语堂。"幽默"是个音译词,又并不纯然是音译,林氏是考虑了其暗示意义("瞬间印象意义")和语素联想色彩的。但在现代汉语中,已不再用来指称"寂静无声"了。

作为美学概念的幽默、众说纷纭,总括有四种见解:技式说、主体说、表现说与综合说。胡范铸认为幽默有广义与狭义之分。广义的幽默大致与"可笑性"相当;狭义的幽默则指其中最具审美价值的那一层精神现象。常义的幽默是一种具有诉诸理智的"可笑性"的精神现象。所谓"诉诸理智的可笑性",是指这种可笑是思考的产物。显然,这与认知思维和情感思维相关。同时,他认为,作为精神现象,幽默有三个层次或三种境界,包括三个方面:心力、方式和氛围。所谓氛围,在艺术作品中,便是一种风格色彩;在语言活动中,便是一种交际效果;在日常生活中,便是一种气氛格调。幽默氛围和风格的形成,必得有与之相应的结构方式。

高胜林则认为:语言幽默首先是一种修辞现象,因为几乎所有的语言幽默作品都是通过一定的修辞方式表现出来的。在我国修辞学界,张弓第一个明确地把幽默纳入了修辞学研究的视野。但他仅把幽默归为一个辞格,显然是有失偏颇的。语言幽默往往借助于修辞方式来表现,修辞方式从某种意义上说就是幽默的结构形式,研究幽默离不开对辞格的分析。但幽默,无论就其生成还是就其效果实现而论,都离不开语境的催生和制约,而语境分析是语义理解的前提,凡此,都首先与幽默的结构方式发生关联。

二、幽默的结构模式

对于幽默文本来说,幽默的规律就是它的结构形式或结构模式。高胜林从语形、语音、语义、语域、语式和逻辑等方面来揭示其结构模式,如语义偏离、语形解构、语义更新、语义突变、语域越位、语式偏离、逻辑偏离等。胡范铸则从语言心理结构入手,将其分为表层结构和深层结构,认为从发生学来看,所有超常规的语言组合结构都是幽默氛围的骨架,均言之成理。而从翻译修辞学的视角来看,我们可以交际修辞与美学修辞两方面加以分类,如口译侧重于交际修辞,笔译侧重于美学修辞,当然这只是大致的区分,有时两者是浑融交叉的,因此,对幽默建构的美学特征首先予以关注原是应然之事。

三、幽默建构的美学特征

陈孝英指出:幽默是生活之调色板,语言之盐,缪斯王冠之明珠。此论揭示了幽默与生活及语言的联系,并突出了幽默语言之艺术性的侧面。认为幽默具有"吸尘器"和"轻音乐"的社会功能;结构作品和塑造形象的艺术功能。法国学者埃斯卡皮则指出,对幽默,"我们仍须有两条不可或缺的定义。其中,那条历史性和描述性的定义,先是在英国,再也许是其他国度,因循于幽默词体的轨迹。而另一条理论性和逻辑性的定义,则通过艺术与思维的机制,因循于幽默内涵的轨迹。"对于幽默的理解,我们应取综合论的观点,由于其应用涉及社会各阶层,不论是出于交际论的,还是艺术论的,都应取兼容或宽容的态度,以求其雅俗共赏,此点正如澳大利亚学者露丝·韦津利所说:"这种新的宽容态度可能是后现代主义的下渗(trickle-down)的结果,摧毁高蹈文化与下里巴人文化之间的障壁,把传统上只有没受教育的人才会说的字词推进主流媒体、政治和娱乐圈。"从生活交流到艺术表达,不断吸纳生活内容和表现手法,从而为幽默话语的理解与再表达输入新质。

陈望道曾指出:"修辞学是研究文章上美地发表思想感情的学问。"王易也认为:"修辞学是研究文辞之修辞使增美善的学科。可见,修辞学实际上也可称之为'修辞美学'。"如此,运用美学原则对幽默修辞进行审美观照,可从内容、形式和效果三方面加以考察:幽默是对崇高的背离,是对和谐的变异,是与美感的类同。幽默与崇高的背离是就内容而言的,幽默是和谐的反动主要是就形式而言的,幽默与美感的类同是就效果而言的,而幽默言语的生成最终是指向效果的。

四、幽默接受与翻译

幽默研究的历史源远流长,甚至可追溯到现代文明的萌芽时期。作为一种可资研究的学科题材,幽默现象受到了来自传统语文学、文学、社会学、心理学、语言学和文化研究等领域的广泛关注。在现代意义上,真正定位于语言学框架的言语幽默研究则以拉斯金的幽默语义脚本理论和阿特多与拉斯金的言语幽默一般理论为典型代表,但均未能充分揭示幽默解读的本质。中国学者在此基础上,并从阿特多等初步创制的图论模型中发现问题,发展并深化了幽默形式化方面的研究。

薛朝风的《幽默言语的认知解读》一文则以认知语言学理论为指导,从大脑认知角度在语境中对幽默言语进行语用认知的解读,试图分析幽默话语的生成机制和幽默效果的实现过程。提出应当区分幽默语言和幽默言语。幽默言语是智慧地运用语言技巧而有趣或可笑同时又意味深长的言语。幽默言语的结构特征是幽默的发出者、幽默言语和幽默的接受者组成。幽默发出者使用语言建构幽默言语,幽默接受者使用语言理解幽默言语。幽默言语的建构主要研究幽默言语的各种手段:语言要素(语音、语义、词汇、语法)和修辞格。幽默言语的解读主要研究幽默效果的产生和接受。幽默言语的建构侧重于说写者一方,以静态描述为主;幽默言语的解读侧重于听读者一方,以动态解释为主,两者相辅相成。国内学者对幽默言语的产生机制和效果解读的研究主要集中在语用学和认知语言学两领域。翻译修辞学的幽默研究应是基于语境的幽默语义理解与再表达。

有学者归纳出认知语言学的三大特点:心智的体验性、认识的无意识性和思维的隐喻性。王德春认为:单从体验或感性认识出发,不能认识整个世界,认知主要是有意识的,无意识只是极少的现象。王尚文则认为,语言所创造的幽默有别于语言所记录的幽默。"创造"是由于语言要素(语言、文字、词汇、句式)的变异使用而形成的。

王尚文认为,幽默性言语的外延大于语言所创造的幽默,它还包括语言所表现的幽默。语言所表现的幽默,既不同于语言所记录的幽默(幽默只是它所记录的对象,而不在语言形式之中),也不同于语言所创造的幽默,它不是凭借语言要素的变异使用而被创造出来的,遣词造句一切合乎常规,但却十分幽默。"语言所表现的幽默"不是这一言语作品有意于幽默的创造,而是出之于生活本身,但这一言语作品在客观上却揭示了远比它本身深得多、多得多的意味,自然而然地变得幽默起来。这一点对于幽默言语或语篇的翻译颇具启发意义:译者必须深入生活、体验生活,没有生活语境的体验,就不可能有深彻的语义的理解,这是无可置疑的事实。他进一步认为,应区分幽默语言(语言所表现的幽默)与语言幽默(语言所创造出来的幽默),且幽默语言较之语言幽默更胜一筹。

(一)幽默性言语的理解

王尚文认为,在幽默性言语的理解方面,应使之区别于形象性言语和哲理性言语。其间的区别是:形象性言语与哲理性言语澄澈透明,有如一面镜子,听读者在其中听到与看到的只是形象与哲理,仿佛感觉不到语言自身的存在;而幽默性言语则相反,它不像形象性言语和哲理性言语那样把人们的注意力从语言引向语言之外的"他物",而是尽量把人们的眼光吸引于自身,"看"它分泌出幽默来;尤其是"语言幽默",它本身就是通过语言要素的"胡搅蛮缠",如岔断、倒置、转移、干涉、降格、升格等手段竭力使读者眼花缭乱,从而在其中感觉到幽默的情趣。如鲁迅《这个与那个》:一个阔人说要读经,嗡的一阵一群狭人也要读经。

河面有阔狭,马路或布幅有阔狭,难道人也有阔狭?"狭人"的语义理解,显然应从它之超常创生方面加以深味才能获致语境含义。翻译则诚属不易。

又如张天翼的《包氏父子》:老包把眼镜放到那张条桌的抽屉里,嘴里小心地试探着说:"你已经留过两次留级,怎么又……"

"留过两次留级"显然动宾搭配不当,但正是从这不当之中分泌出了几分让人流泪的幽默,这既是幽默言语,又是语言幽默,双料的幽默。

幽默感始终附着于幽默性言语,一般不像形象感、哲理感那样旁骛他涉。它是对潜藏于言语之中的幽默性的开采,从言语本身感到有趣可笑,因而比起形象感和哲理感来,它更需要语言知识。如不知"阔人",也就无从感"狭人"之有趣;"留过两次留级"者,也绝对不会觉得"留过两次留级"之可笑与可悲。但由于语言的差异,一种语言的语感会不同于另一种语言的语感。

例2:"I can't <u>bear</u> a fool,"said a lawyer to a farmer.

"Your mother could,"said the farmer.

例中律师自以为聪明,高人一等,明说是"受不了傻蛋",实际上是骂农夫是个傻蛋;农夫却沉着应对,反唇相讥,Your

mother could 是 Your mother could bear a fool 的省略性表达。Bear 一词的中文对应词"忍受"是没有 give birth to 之意的,农夫弃却律师的思路来建构自己的内部言语:你是个男人,不能生孩子,当然生不了傻子;而你母亲能,她生下了你,你就是你母亲生下的傻蛋。幽默接受者须根据捕捉到的语境信息,在理解 bear 一词的多重语义中择其一端,可见词义理解与语用推理是不可分的。词语的多重语义是基础,语用推理是关键。

言语交际是一种认知推理过程,理解幽默言语,关联理论有一定的解释力。言语交际包含两个意图:信息意图和交际意图。言语交际就是明示推理过程。明示是说话者表现自己交际意图的行为;推理则是听话者搜索语境,寻找关联性最大的解读过程。说话者明示信息的关联性越小,出乎听话者的意料越大,推理时付出的努力就越多,幽默因之产生的可能性就越大,幽默产生的语义效果就越强。显然,其间存在着一定的张力,但有着一个"度"的阀域。可见,关联理论似乎可以解释幽默生成的言语机制。但关联的标准应是基于语义的社会文化心理。在此,社会知觉是关键。言语交际双方在客观语境里根据对方的外观行为,认识和了解对方的心理状态,并对对方的动机、意志和个性特点做出推测与判断,这一过程就是社会知觉。社会知觉就是关联的内部机制。

关联理论在社会文化心理和社会知觉的基础上解读幽默言语才能更有说服力。言语交际是在一定的语境中进行的,幽默言语的解读离不开语境学相关理论的导引。语境有言语语境与非言语语境,也有论者将幽默分为言语幽默(verbal humor）和非言语幽默（non‐verbal humor）①。应当注意的是，幽默言语不是答非所问，反差效应有度的范围，幽默言语的反差须具备适度的相关性，这是幽默语义理解的关键，也是幽默语义表达与再现的关键。

（二）翻译——幽默言语的表达与再创

就翻译而言，必须首先了解源语幽默言语的生成机制，在此基础上掌握语义学的相关知识，进入幽默言语的语用理解阶段，然后在译语中搜索相应的译语表达式，幽默言语的翻译是源语的再创。幽默言语蕴含丰富，既有发话人的真实意图和心理图式，又有言语内在的知识结构，因此要进行幽默言语的对译，译者须有一定的双语语言能力和语用推理能力。而幽默效果的实现则实现于幽默接受者对言语的概念整合过程中。概念整合是来自一个或多个域的框架被整合的概念过程当中。

概念整合理论（conceptual integration theory）是美国语言学家吉尔斯·福康涅（Gilles Fauconnier）在其心智空间（mental space）理论基础上提出的。心智空间是一种认知结构，是人类进行范畴化、概念化和思维的媒介，包括一组概念域、直接经验、长时记忆中的结构等。概念整合至少涉及四个空间：两个输入空间、一个类属空间和一个整合空间。认知主体有选择地从两个输入空间提取部分信息进行匹配并映射入整合空间。整合空间是组织和发展这些空间的整合平台，其中包括一个带有新的特性、富有想象力的结构，叫新创结构（emergent structure）；其中可能会创造出原来输入空间中所没有的新信息，可产生新意义、获得新知识，幽默效果即主要体现在概念

---

① 梁雯. 言语幽默现象研究[D]. 大连：大连理工大学，2011.

整合的新创结构之中。显然,主体——幽默言语的创生主体的创造性表达是关键。就翻译修辞而言,包括源语主体和译语主体。译者主体在幽默言语的转译中应透视幽默的心理:出人意料的惊奇感;对立统一的张力感;心领神会的认同感;超凡脱俗的解放感。

幽默言语的翻译属微观修辞的转译,翻译修辞学还应从宏观角度来加以处理,即幽默语篇的翻译。

1.幽默语篇的翻译

在众多英语文学作品中,幽默类作品是不容忽视的一类。读这类作品,不仅能使我们学习英语语言,更有助于领略由幽默作品所折射出的西方文化。其中,有揶揄调侃式的幽默,代表作家有毛姆,他的作品总能让人在哑然失笑中领悟人生的无常和人性的荒谬;深刻犀利的幽默,如詹姆斯·瑟伯;敦厚风趣的幽默,如富兰克林;朴素含蓄的幽默,如里柯克;隽永深刻的幽默,如辛格等。这些应属宏观修辞即语篇修辞范畴的把握,对此,格式塔式的整体解读居首,同时亦应同微观修辞,即言语修辞的转译结合起来进行。幽默语篇的翻译应以幽默风格的再现为锁钥。

中国古代幽默故事的翻译亦然。如明代姚旅《露书·邢矮》:邢进士身矮,尝在鄱阳遇盗。盗既有其资,欲灭之以除患,方举刀,邢谕之曰:"人业呼我为邢矮,若去其头,不更矮乎?"盗不觉大笑掷刀。

英译为:

Shorty Xing

There was a Jinshi named Xing who was short of statuer.Once

he fell into the bands of a robber on Poyang Lake. After <u>stripping him of</u> all his valuables, the robber thought of <u>killing him</u> so as <u>to remove the cause of future troubles</u>. As he raised his sword, Xing said:

"People are already calling me Shorty Xing. If you must chop off my head, would that make me shorter still? At that the robber <u>burst into side - splitting laughter</u> and threw down his sword."

译文准确地解读了原文的修辞语义。例如,矮,shorty;有其资,stripping him of all his valuables;灭之,killing him;不觉大笑,burst into a side - splitting laughter 等。可见,翻译幽默语篇,宏观修辞与微观修辞是相表里的,微观技法的对应转换与宏观策略的整体举措相得益彰。其中,语内与语外的功力均不可少,换句话说,超语言学的方法论应加以取效。

2. 超语言学——言语幽默与非言语幽默

有人将幽默分为 verbal humor 与 non - verbal humor。而不论是言语幽默、非言语幽默,还是幽默语篇,都有其逻辑结构。

逻辑结构由两大板块组成:一种是有理分类的概念以必然因果为公理的推理方式;另一种是以无理分类的表述追求任意因果的超常推理方式。前者称为形式逻辑,后者称为艺术逻辑。另外,还有两种逻辑结构的范畴:一是在语句之内的,是语句命题的推理及语义理解;另一种则是从语句命题到后设命题之间的推理。因此,逻辑结构是由这两大部分和两种推理综合而成的复杂体,它包括正常推理与超常推理,包括形式逻辑和艺术逻辑在内的不同逻辑方式的推理。凡此,幽默言语和幽默语篇的翻译应当对其加以兼容。

　　在亚里士多德的语言研究体系中,以所表述事物的真假三分天下:逻辑学是以求真的方式确定为形式逻辑的研究目标;把修辞学定义为对半真半假的表述的研究;而把假的表述,即虚构的文本和语句分配给了诗学。也由此,在后来的研究中,把本来是语言和思维共同的逻辑结构方式分割成了逻辑学、修辞学、语法和文学四大部分。可是,表述常常真中有假,假中有真,真真假假,真假难辨,幽默言语尤其如此。逻辑学注重正常的有序的求真推理,而忽视了超常推理,但是在超常推理中也有推理真。人们把超常推理都归入到修辞范畴中去,这样就妨碍了人们对超常推理方式和规则的研究。只有把真真假假的表述综合起来加以研究,这个逻辑结构(在此是幽默话语的结构,包括言语与语篇)才算是完整的。由此,我们会从原来认为文学和修辞学是无逻辑的表述中看到它们自己的必然的推理方式,尽管这其中有些推理方式从话语来讲是超常规的。幽默言语的理解与再表达正是在于求"不通之通"。

　　在认知幽默言语和幽默篇章修辞(text rhetoric)时,有两大定律可资镜鉴:①格里木定律,凡规律皆有例外;②维尔纳定律,凡例外皆有规律。

　　如何审度规律与例外的辩证关系,并求得一种动态平衡,是处理好幽默修辞的关键。语篇的翻译是最高层次的翻译(言语的翻译是其基层)。而篇章结构是一个整体融合的过程,是语义综合推理的过程,是文学性生成的过程,与其说是修辞过程,毋宁说是艺术推理和逻辑推理的过程。因此,篇章结构是集语形结构、概念结构和逻辑结构于一体的结构。篇章是一个逻辑构成,包括三大板块:一是语境形成语义的从词汇开始逐渐拾级而上的到整个文本的结构体;二是在语义生成的基础上,由推理方式篇章化而形成的文本结构类型;三是在众多文本的对比之中所看到的文体与风格的特征。

幽默语篇的翻译之最终旨归即在彰显出原作语篇的共性特征与个性风格,如法国人表现出的玫瑰色幽默、英国人的绅士幽默、美国人的黑色幽默、中国式的以温柔敦厚的诗教为底色的东方式幽默以及不同作家借幽默文本而凸显出的个性化的幽默风格。

参考文献 ○ References

[1]陈传显.翻译能力培养的认知视角[J].海南广播电视大学学报,2015,16(01):1-6.

[2]杜凤兰,刘杰辉.认知背景下译者翻译能力的培养[J].海外英语,2017(18):7-8+14.

[3]冯全功.翻译修辞学论纲[J].外语教学,2012,33(05):100-103.

[4]龚光明.翻译认知修辞学[M].上海:上海交通大学出版社,2012.

[5]高璐夷,储常胜.翻译教学中跨文化认知能力研究[J].遵义师范学院学报,2017,19(02):79-81.

[6]侯菲.从认知语法视角看意象翻译——以《鲁迅小说选》英译本为例[J].洛阳师范学院学报,2013,32(04):109-111.

[7]刘芳.认知隐喻与翻译教学[J].河北工程大学学报(社会科学版),2019,36(01):84-86.

[8]李克.转喻的修辞批评研究[M].厦门:厦门大学出版社,2015.

[9]吕长缨,汪承平.认知视域下翻译有效性研究[J].皖西学院学报,2018,34(05):13-18.

[10]宁晓兰.认知语义学视野下的概念隐喻翻译论析[J].商,2015(23):296.

[11]邱文生.修辞认知视域下的自由间接话语:识解与翻译[J].西安外国语大学学报,2018,26(01):107-110+124.

[12]宋改荣,周玉.认知语言学翻译观视角下译者主体性的发挥[J].长春大学学报,2019,29(05):48-51.

[13]苏秀云.译者认知视域下的隐喻翻译策略研究[J].福建茶叶,2019,41(02):146-147.

[14]谭业升.认知翻译学探索 创造性翻译的认知路径与认知制约[M].上海:上海外语教育出版社,2012.

[15]谭其佳.认知隐喻翻译:模式与策略研究[D].成都:西华大学,2013.

[16]佟凯文,李先进.双关修辞的幽默效用及翻译策略[J].英语广场,2017(11):51-52.

[17]唐楠.英汉互译中的认知隐喻翻译探究[J].文教资料,2018(30):19-20.

[18]吴琦凡,薛燕.从认知语言学看翻译中的词性转换[J].英语广场,2019(03):35-36.

[19]王树槐.翻译教学论[M].上海:上海外语教育出版社,2013.

[20]王红孝.浅谈认知与意象分析在翻译中的重要作用——评《认知语法视角下的意象分析与翻译》[J].中国教育学刊,2018(05):109.

[21]万正发.论翻译体验观对翻译认知能力的阐释[J].吉林广播电视大学学报,2011(03):29-31.

[22]杨颖莉.认知心理视域下的英语课堂反馈研究[M].北京:对外经济贸易大学出版社,2013.

[23]张白桦.翻译基础指津[M].北京:中译出版社,2017.